リーダーシップ

Virtuous Cycle Model of Leadership

好循環モデル

地域コミュニティ再創造のための理論と実践

床桜英二 著
Eiji Tokozakura

中央経済社

はしがき

　地方創生の推進とは裏腹に，人口減少，東京一極集中は加速化し，地方における地域コミュニティの二極化をもたらしている。つまり，存続か消滅かの分水嶺に立つ地域コミュニティが増える一方で，ICTを活用し交流型の新たな内発的な発展を目指すことで，持続可能な地域づくりに成果を上げている地域コミュニティが現れてきている。二極化にはさまざまな理由が考えられる。その一つに地域リーダーの存否をあげることに異を唱える人は少ないであろう。それは疲弊する地域コミュニティを再生・活性化させるには地域リーダーの存在が鍵を握るとの指摘が，数多くの先行研究においてなされていることからも裏付けることができる。しかしながら，これら先行研究において地域リーダーがどのようなリーダーシップを発揮すれば，社会経済情勢とともに変化する地域コミュニティの再生・活性化に繋がるのか，といった視点からの研究は数少ない。そもそも地域リーダーには，会社組織の社長が持つような公式的な権限（以下「権限」。）がない。なぜなら，現在の地域コミュニティは，人々がゆるやかに結びつき，権限を持つリーダーの存在を前提にしない集団が，地域コミュニティの特徴と言えるからである。つまり，権限によらないリーダーシップとはどのようなもので，地域コミュニティの再生・活性化に有効なのか，さらに，社会のダイナミックな環境変化に対応して，地域コミュニティを再生・活性化させるにはリーダーシップもまたダイナミックに変化する必要があるのではないか，との問いに答えずして，声高に地域リーダーの必要性を唱えても，真の地方創生の実現には結びつかない。

　本書はこのような問題意識からスタートし，地域コミュニティの再生・活性化への関心が起点となっているが，実は権限によらないリーダーシップの探究は，企業組織を含むより一般的な組織，あるいは集団を対象にしたリーダーシップ研究にも貢献できると考えている。なぜなら，今，企業は，VUCA時代

と表現される激しく変化する環境に適応していくことが存続の条件となっている。VUCAとは，変動性（Volatility），不確実性（Uncertainty），複雑性（Complexity），曖昧性（Ambiguity）を総称した言葉である。軍事領域において使用されてきたこの言葉をダボス会議（世界経済フォーラム）で、現代のビジネス環境を表すものとして用いられ，一般に知られるようなった。変化が矢継ぎ早に起き，先行き不透明で過去からの延長線上に未来予測が立てにくい社会環境を端的に表している。

　こうした社会のダイナミックな環境変化に適応するため，企業組織においては，かつてのような階層関係が規定され，役割も明確化された集権・依存型の組織から，階層関係がフラットで役割も曖昧な自律・分散・協調型の組織に関心が集まっている。その例が，ネットワーク型組織の構築である。そして，こうした組織のあり方を巡る動きと連動し，有効なリーダーシップが模索されているのである。このことに関して，1980年代に米グローバル企業で激変する環境変化への対応のために始まった「権限なくても発揮するリーダーシップ」の考え方が日本でも近年，急速に普及しつつあるとの指摘もある（日向野，2018）。このように権限によらないリーダーシップは，現実的で実効性のあるリーダーシップとみなされ，今，企業関係者からも注目を集めつつある。

　しかし，理論面の研究は十分なされているとは言えない。このことに関して，片岡（2018）は，BarnardやDruckerなどは，組織を離れたリーダーシップを想定していないとし，特にDruckerは，経営はリーダーシップ，指揮，意思決定の機関であり，その場であるとしていることから，Druckerの経営理論においては，リーダーシップは組織上の地位や権限とは無関係に成立しえないと指摘している。一方で，Heifetzは，リーダーシップが付加価値的なものであることを強調しながら，地位や権威とは無関係であるという立場をとっていることも指摘している。このように，権限とリーダーシップのあり方については，必ずしも定まった見解が示されている訳ではないのである。つまり，実社会において関心が寄せられつつあるテーマでありながら，リーダーシップ研究においては十分な考察がなされてはいないのが，権限によらないリーダーシップと

いうことになる。

　さらに，長期的な時間軸の中で，リーダーシップの変化を考察するといった先行研究も数少ない。確かに，Hersey & Blanchard（1977）の，フォロワーの成熟度に注目し，成熟段階に応じて有効なリーダーシップも変化させるべきとの理論はあるものの，組織や集団を総体として捉えて，その成長・発展に応じてリーダーシップもダイナミックに変化させるべきといった，リーダーシップの好循環モデルの研究は現時点では確認できていない。

　以上のように，未だ研究蓄積の少ない，社会の環境変化に適応して変化する，権限によらないリーダーシップの好循環モデルを探求することで，理論と実践の両面における進歩・発展に寄与することが本書の最終的なゴールである。なお，本書は第Ⅰ部がリーダーシップを中心とした理論編，第Ⅱ部が地域コミュニティを対象とした実証分析編，第Ⅲ部が総括編となっており，読者の関心に応じ，いずれから読み進めていただいても理解いただけるように構成している。

　本書は，兵庫県立大学の山口隆英教授，加納郁也教授，西井進剛教授にご指導いただいた博士論文がベースになっている。改めて感謝の意を表したい。また，出版事情厳しい折から，出版をお引き受けいただいた中央経済社代表取締役社長の山本継氏と，編集・校正などでご尽力いただいた学術書編集部の浜田匡氏には，記して謝意を申し上げる次第である。

　むすびに，本書は，我慢強く私を支え見守ってもらっている家族，そして，頑張るエネルギーを与えてくれている友，さらに，素晴らしい研究環境や活動の機会を提供していただいている方々に，心からの感謝と敬意の念を込めながら捧げたい。

　2021年3月

床桜英二

目　　次

第 II 部　実証分析編　　57
～地域コミュニティの再創造活動を事例に～

第 III 部　権限によらないリーダーシップ好循環モデル　167
～本書の総括と課題～

第 I 部

理論編

～権限によらないリーダーシップ
好循環モデルとは～

第 1 章

初期のリーダーシップ論と権限・ダイナミックス

1　はじめに

「そもそも権限を持たないリーダーが，リーダーシップを発揮することが可能であろうか」との問いに答えるためには，リーダーシップとは何か，権限とは何かについて確認する必要がある。まず，リーダーシップとは何か，である。リーダーシップには，「共通した定義がない」（小野，2016）と言われていることから，先行研究をもとにその基本的な概念を確認する。リーダーシップに関して，主要な定義を整理すると次のとおりとなる。

「ある共通の課題の達成に関してある人が他者の援助と支持を得ることを可能とする社会的影響過程」（Chemers，1997）[1]

「他者達に何が必要か，どのようにして遂行するかについて理解と合意を得るために影響を及ぼす過程であり，共有された目的達成のために個人を動かし，その努力を結集する過程」（Yukl，2013）

「共通の目的を達成するために集団のメンバーに個人的な影響力をもたらすプロセス」（Northouse，2016）

そして，最近の特徴として，フォロワーシップ論の研究の進展により，リーダーシップ論においても，よりフォロワーの能動性が強調されてきている。

　「共有された目的を達成するためにフォロワーが積極的に目的に関与するようにリーダーが働きかけ，それに対してフォロワーが目的の達成のために自発的に意識を変えて行動するという，相互作用プロセス」（小野，2016）

　つまるところ，リーダーシップの本質は影響であり，リーダーとフォロワーとの相互作用である。そこで，「組織ないし集団の共通の目的の達成のために行使される影響力ないしプロセス」とのリーダーシップに関する基本的な概念をもとに，リーダーシップの影響力の源泉について考察する。

2　影響力の源泉

　リーダーがフォロワーに対して持つ影響力の源泉は，会社や行政組織では，権限によることが通例であり，その権限は，その権限を持つ人の組織内の地位に基づく。つまり，多くの組織では地位に基づく権限によるリーダーシップが基本となる。こうした地位に基づく権限（Authority）によることなく影響力を発揮するためには，権限を含むより広い概念としての権力（Power）について明らかにしておく必要がある。

　French & Raven（1959）は，他者に対して影響力を行使できる潜在的な能力である「社会的勢力」（Social Power）という概念を示した。この社会的勢力は5つあり，それは，「強制性勢力」「報酬性勢力」「正当性勢力」「準拠性勢力」「専門性勢力」である。この5つの社会的勢力とはどのようなものなのかを確認した上で，それが権限によるパワーなのか，それとも，権限によらずとも発揮しうるパワーなのかについて明らかにする。第1は，「強制性勢力」である。これは，悪い結果をもたらすか，良い結果を阻止できる力である。つまり，リーダーがフォロワーに懲罰を与えることができるPowerである。第2は，「報酬性勢力」である。これは，良い結果をもたらすか，悪い結果を阻止できる力である。つまり，リーダーがフォロワーに金銭的報酬，昇進，職務の割当を与えることができるPowerである。第3は，「正当性勢力」である。これは，その人物の立場や責任を理由に，その人物が権力を持つことを当然と信じさせ

る力である。つまり，組織における職務権限に基づくものでリーダーがフォロワーに対して職務上の指示や命令を与えることができるPowerである。第4は，「準拠性勢力」である。これは，その人物に対して敬意や好意をいだき，その人物に好かれようとさせる力である。つまり，フォロワーがリーダーに対して好意などを抱くことでリーダーと自分自身を同一視させることができるPowerである。第5は，「専門性勢力」である。これは，その人物が特別の知識・スキルをもっており，信頼できると信じさせる力である。つまり，フォロワーがリーダーは高いレベルの知識や経験がある専門家として信頼させるPowerである。また，その後，Raven & Kruglanski（1970）は，第6の社会的勢力として「情報力」を加えた。これは，集団が必要としているが他では手に入らない情報を，その人物が持っていると信じさせるPowerである。

　池田（2017a）は，「リーダーの社会的勢力の有無を決めるのは，リーダーではなく，受け手であるメンバーの認知」とするとともに，強制性勢力，報酬性勢力，正当性勢力は公式的な地位に付随して得られる社会的勢力であり，準拠性勢力，専門性勢力は公式的な地位に就くかどうかに関わらず獲得し得る社会的勢力としている。また，Robbins, DeCenzo & Coulter（2013）は，「権限は権利であり，その正当性は，権限を持つ人間の組織内での地位」に基づき，権限は職務に伴うものとしている。また，Robbins *et al*（2013）は，「権力とは，意思決定に及ぼす個人の持つ影響力」とし，「権限は，広い意味での権力の概念に含まれる」とも述べている。そして，Robbins（2005）は，「公式の力」と「個人的な力」を分けている。「公式の力」は，組織における個人の地位に基づくもので，「強制力」「報酬力」「正当権力」「情報力」としている。「強制力」は，恐怖心に依存するもので組織的レベルでは解雇，停職，降格などである。「報酬力」は強制力と「対」をなすもので，他者にとって価値のある報酬を与え，また，好ましくないものを排除することである。「正当権力」とは，組織の公式の階層における地位の結果として得られるものである。「情報力」は，情報のアクセスと情報のコントロールから生じる力である。「個人的な力」とは，組織における公式的な地位によらない力であり，「専門力」「同一化

による力」「カリスマ性」をあげている。「専門力」とは，個人の持つ専門技術，特殊なスキルや知識を有する結果として行使される影響力であり，世界的な技術志向が高まるにつれ，最も強力な影響力の源泉としている。「同一化による力」とは，好ましい資質や個性を備えた人物のようになりたいという欲求から生じるものである。「カリスマ性」は，同一化の延長線上にあるもので，魅力的なビジョンや決断力，配慮などである。さらに，鈴木（2018）もまた，「権限はその権限を持つ人の組織内の地位に基づく」もので仕事に伴うものとしている。そして，「権力とは，さまざまな意思決定に対してその人が及ぼす影響力」であり，広い意味で権限は権力に含まれるとしている。鈴木（2018）は，権限による権力を「正当性の権力」とし，正当性の権力以外の権限によらない権力として，強制の権力（＝恐怖に基づく権力），報酬の権力（＝他人にとって価値あるものを分配する能力に基づく権力），専門力の権力（＝専門技術や特殊なスキル，知識に基づく権力），同一視の権力（＝魅力的な才能や個性を持った個人への同一視に基づく権力）という 4 種類の権力を示している。以上の権力（勢力）についての概念を整理すると図表 1 − 1 のとおりとなる。

　重要な点は，組織の規模や複雑化が進むにつれて権限と権力の関係は一致しなくなり，「権限がなくても権力がある人，権限があっても権力がない人が現れてくる」（鈴木，2018）ということである。このことに関連して，Robbins et al（2013）は，「企業では，権限のあまりない補佐役が大きな権力を持っている場合がよくある」とし，権限を持たない場合でも権力は行使できると述べている。以上の権限及び権力に関する考察に限定した場合，権限によらないリーダーシップとは，組織や集団における公式的な地位に伴う権限によることなく，リーダーの専門力や人間的魅力などの個人の力により，組織ないし集団の共通目標達成のために行使される影響力ないしそのプロセスということになる。これに社会の環境変化に適応し変化するという要素を加えることで，新たなリーダーシップモデルの構築に繋げていくこととする。

図表1−1　権力（勢力）の分類

French & Raven（1959）, Raven & Kruglanski(1970)	池田（2017a）	Robbins（2005）	鈴木（2018）
強制性勢力 報酬性勢力 正当性勢力 準拠性勢力 専門性勢力 情報力	<u>公式的な地位に付随</u> ・強制性勢力 ・報酬性勢力 ・正当性勢力 <u>公式的な地位に必ずしも付随しない</u> ・準拠性勢力 ・専門性勢力	<u>公式の力</u> ＝組織での個人の地位に基づく力 ・強制力 ・報酬力 ・正当権力 ・情報力 <u>個人的な力</u> ＝組織での個人の地位を必ずしも必要としない力 ・専門力 ・同一化による力 ・カリスマ性	<u>正当性の権力</u> ＝組織地位が定める権限による権力 <u>正当性の権力以外</u> ＝権限によらない権力 ・強制の権力 ・報酬の権力 ・専門力の権力 ・同一視の権力

（出典）筆者作成。

3　初期のリーダーシップ論

　社会の環境変化とともに，求められるリーダーシップもまた変化する。リーダーシップへの関心は古く，その記述は紀元前まで遡ることもできる。本書では，経営学における1900年代以降のリーダーシップ論について分析を試みる。

　Komives, Lucas & McMahon（2013）は，「リーダーシップは，複雑で捉えどころのない現象であることはいくら強調してもしすぎることはない」と前置きをしながら，その流れを，偉人アプローチ，特性アプローチ，行動アプローチ，状況／コンティンジェンシー・アプローチ，互恵的リーダーシップ・アプローチなどに整理しながら，それぞれの特徴について考察を行っている。本章では，まず，初期のリーダーシップ論である，特性アプローチ，行動アプローチ，及び状況／コンティンジェンシー・アプローチとはどのようなものであるかについて確認し，次に，権限やダイナミックスとの関連性について考察する。

3.1　特性アプローチの概要

　偉大なリーダーが発揮するリーダーシップは先天的な資質である，という偉人アプローチは直感的には理解し易い。しかし，科学的な根拠を持たないものであった。こうした偉人アプローチから脱して，科学的な視点からリーダーシップ研究がスタートしたのが，1900年代の初期からであり，その中心になってきたのが，リーダーだけに見られる性格（特性）を分析する特性アプローチであった。リーダーにはフォロワーにはない優れた特性があるという前提に立った理論である。この特性アプローチには，どのような特性や資質をもった人がリーダーとして選ばれるかを研究する「リーダーの出現あるいは発生」に関するアプローチと，どのようなパーソナリティ特性や資質を備えたリーダーが効果的で高い業績をあげるかを研究する「リーダーシップの効果性」に関するアプローチの2つがある（池田，2017a）。

　特性アプローチ研究を代表するStogdill（1948）は，様々な組織や場面におけるリーダーとフォロワーとの個人特性の違いに焦点をあてた研究を行った。Stogdill が，124にも及ぶ調査結果をもとに見出したのは，「ほとんどすべての特性がある程度リーダーシップと相関しているが，十分かつ例外なくリーダーシップと相関しているのは皆無であり，リーダーシップの発生を説明したり，誰がリーダーになれるかを予測したりするには十分ではないということであった」と，Chemers（1997）は指摘している。Northouse（2016）は，特性アプローチの展開を整理し，研究者によってリーダーの特性が分かれているということを指摘した。小野（2018）は，「研究が進展するにつれて，リーダーシップの資質につながると思われる諸概念が付け加えられていく傾向」があると指摘している。これらを整理すると図表1－2のとおりとなる。

　このように，リーダーが備えている特性の研究においては，特性そのものが曖昧であり，測定することの困難性も排除できないこともあり，1950年代頃から，有能なリーダーに見られる行動を分析する行動アプローチがその中心となってきた。ただし，リーダーシップと特性に関しては，「リーダーシップと

図表 1 − 2　特性アプローチの研究

Stogdill (1948)	Mann (1959)	Stogdill (1974)	Lord, DeVader &Alliger (1986)	Kirkpatrick & Locke (1991)	Zaccaro, Kemp & Bader (2004)
知性 Intelligence	知性 Intelligence		知性 Intelligence		社会的知性 Social Intelligence
				認知的能力 Cognitive Ability	認知的能力 Cognitive Abilities
				ものしり Task Knowledge	
注意力 Alertness					
洞察力 Insight		洞察力 Insight			
責任感 Responsibility		責任感 Responsibility			
					一貫性 Conscientiousness
					心的安定 Emotional Stability
率先 Initiative		率先 Initiative			
粘り強さ Persistence		粘り強さ Persistence			
自信 Self-Confidence		自信 Self-Confidence			
社会性 Sociability		社会性 Sociability			
	外向性 Extraversion				外向性 Extraversion
					開放的 Openness
		寛容 Tolerance			
		協調性 Cooperativeness			同調性 Agreeableness
	男らしさ Masculinity		男らしさ Masculinity	迫力がある Drive	
	支配的 Dominance		支配的 Dominance		
	調整力 Adjustment				
	保守性 Conservatism				
		影響力 Influence			
		達成志向 Achievement		モチベーション Motivation	モチベーション Motivation
					自己統制 Self-Monitoring
					EQ Emotional Intelligence
					問題解決力 Problem Solving
				高潔さ Integrity	
				信頼 Confidence	

（出典）Northouse（2016, p.22），小野（2018, p.68）をもとに筆者作成。

資質との関心は全くなくなったわけではなく，依然として一定の影響を及ぼしている」（小野，2018）という状況にある。すなわち，従来の個人特性とリーダーシップとの関係性についての研究においては，リーダーの発生に関する研究とリーダーシップの効果性に関する研究が区別されていなかったのである。この反省の上に立って，Lord, DeVader & Alliger（1986）はメタ分析を行った。その結果，リーダーの個人特性の中でも特に知性，男性性，支配性は，リーダーの発生との関係性はなく，フォロワーや上司が評価するリーダーシップの効果性認知と強い関係性を持っていることが明らかになった。その後，Judge, Bono, Ilies & Gerhardt（2002）は，パーソナリティのビッグファイブ（外向性，開放性，協調性，誠実性，神経症傾向）とリーダーシップとの関係性に関するメタ分析を行った結果，外向性，開放性がリーダーシップの効果性やリーダーの発生の双方に統計的に有意な正の関連性があることが分かった。こうした研究はHouse（1977）のカリスマ的リーダーシップ研究にも繋がっていく。

3.2　行動アプローチの概要

　行動アプローチは，唯一最善のリーダーシップが存在するとの前提で研究が進められていった。代表的なものとしては，「ミシガン大学の研究」「オハイオ州立大学の研究」「マネジアル・グリッド研究」がある。まず，ミシガン大学の研究では，フォロワーに働きかけ人間的な関係を重視する従業員志向の行動をとるリーダーが，職務の手法や課題に注目するリーダーよりも高く評価された。次に，同時期に研究を行っていたオハイオ州立大学の研究では，職務内容や職務関係など構造づくり行動と，フォロワーのアイディアや思考の尊重といった配慮行動との両方が強いリーダーが成果を上げていると結論づけた。そして，「マネジアル・グリッド研究」は，Blake & Mouton（1964）によって理論化されたものであり，生産業務への関心と人への関心という視点からリーダー行動を評価し，「1（低い）」から「9（高い）」に数値化したものであった。9×9の81パターンの中から代表的な5類型（無関心型，仕事中心型，中

道型，人間中心型，理想型）を調査し，生産業務への関心も人への関心も最も
高かった理想型（9-9）の業績が最も高かったとした。しかし，行動アプロー
チに関するこれらの研究は，「状況に含まれるさまざまな変数や集団の一連の
行為を無視している」（Komives *et al*, 2013）などの指摘により，1970年前後
のリーダーシップ論としては，状況によって有効なリーダー行動が異なるとい
う「状況／コンティンジェンシー・アプローチ」が注目を集めるようになって
いった。

3.3　状況／コンティンジェンシー・アプローチの概要

　状況／コンティンジェンシー・アプローチは，状況変化によって有効なリー
ダーシップ・スタイルは異なるという問題意識から構築された理論である。つ
まり，リーダーは状況によって行動を変え，状況がリーダーを生み出す。状況
が変われば求められるリーダーシップも変わるとの考えに立つリーダーシップ
論である（Komives *et al*, 2013）。Fiedler（1964, 1967）のコンティンジェン
シー・アプローチ（Contingency Approach）や，House（1971）のパス−ゴー
ル理論（Path-Goal Theory）のほか，Hersey & Blanchard（1977）の状況対
応型リーダーシップ理論（SLT：Situational Leadership Theory）が代表的な
理論である。

　まず，Fiedlerのコンティンジェンシー・アプローチであるが，リーダーシッ
プの有効性はリーダーの特性と行動と状況によって影響されるというものであ
る。より具体的には，「リーダーとフォロワーとの人間関係」「与えられた業務
（課題）の明確さや構造化の程度」「公式的な権限の大きさ」の3点が影響力を
決定するとの考え方である。すなわち，「グループ組織の成果はリーダーシッ
プのスタイル（業績志向と人間志向2次元マトリックスで4つに類型）と状況
（リーダーと部下の関係，職務構造，職務パワーの3要因）との適合関係に依
存するというアイディア」（大月，2018）ということである。Fiedler（1964,
1967）は，LPC（Least Preferred Coworker）という尺度を開発した。これは，
最も好ましくない仕事仲間に対する意識を測定するもので，高いLPCのリー

ダーは苦手とする人とも仕事ができるので，人間関係志向的なリーダーシップ・スタイルをとると考えられ，低いLPCのリーダーは課業関係志向的なリーダーシップ・スタイルをとるとの考えのもと検証がなされた。その結果，好ましい，好ましくないとの両極端な状況では，課業関係志向的なリーダーシップ・スタイルが効果的であり，中間的な状況では人間関係志向的なリーダーシップ・スタイルが効果的であることが分かった。

　House（1971）は，Fiedlerのコンティンジェンシー・アプローチを精緻化し，パス－ゴール理論を構築した。この理論は，リーダーシップは，目標達成の道筋をつけることが重要であるとの考えに立つものである。つまり，リーダーの職務はフォロワーの目標達成を支援することであり，フォロワーと組織との目標の整合性が常にとれるようにサポートすべきという考え方である。Houseは，リーダー行動を「指示型」「支援型」「参加型」「達成志向型」の４つに分類し，同じリーダーであっても，状況によってリーダー行動を変更することが大切だと指摘している。

　Hersey & Blanchard（1977）は，状況対応型リーダーシップ理論を構築した。これはフォロワーの成熟度に注目するリーダーシップ状況適応理論である。まず，リーダーシップ・スタイルをFiedlerの理論から一歩進め，「指示型スタイル（高い職務志向×低い人間関係志向）」「説得型スタイル（高い職務志向×高い人間関係志向）」「参加型スタイル（低い職務志向×高い人間関係志向）」「委任型スタイル（低い職務志向×低い人間関係志向）」の４つに分類する。次に，フォロワーが職務遂行のためにどの程度の能力や意欲を持つかにより，「Ａ：能力も意欲もない」「Ｂ：能力はないが意欲はある」「Ｃ：能力はあるが意欲はない」「Ｄ：能力も意欲もある」の４つに分類する。そして，フォロワーがＡの場合には，リーダーは指示型スタイルを取り，Ｂの場合には，説得型スタイルを取り，Ｃの場合には，参加型スタイルを取り，Ｄの場合には，委任型スタイルを取るのが良いとの考え方に立つ理論である。この理論の特色は，人間中心軸と仕事中心軸に加えて，時間軸として部下の成熟度を組み合わせたモデル（大月，2018）といった点にある。

　Fiedlerから始まった，「状況／コンティンジェンシー・アプローチ」について，Chemers（1997）は，「普遍的に妥当する効果的なリーダーシップ特性やリーダーシップ・スタイルというのは神話であること」や，「リーダーシップというのは，他の社会心理現象と同じように，課題と権限からなる特定の文脈に由来する微妙な対人関係に依存しているということ」を明らかにしたことついて，「劇的かつ深遠」な理論と表現している。一方で，Northouse（2016）は，この理論にはいくつかの課題が存在することを指摘している。その主なものを上げると，①理論の仮定と命題を正当化するための調査研究がわずかしかないこと，②特定の人口統計的な特性（教育，経験，年齢，性別など）がモデルのリーダーとのフォロワーの関係性にどのように影響するかが曖昧であること，③モデルのリーダーシップ質問票が，回答者が利用できる最良の回答が事前に決定されているため，アンケートにバイアスがかかること，などである。また，鈴木・服部（2019）は，「1人のリーダーが，このように柔軟にリーダーシップ行動を変えることができるのか」，また，「状況やフォロワーの持つ特性を理解できるのか」といった実践面での実現可能性の困難さを指摘している。

　以上が，状況／コンティンジェンシー・アプローチの概要であるが，この理論は，ある状況において，最も相応しいリーダーシップ・スタイルを特定するというところにその特徴がある。つまり，ある時点の状況を切り取って，リーダーシップ・スタイルを考えるもので，そうした意味においては，静態的な分析と言える。こうした中にあって，Hersey & Blanchard（1977）が，状況対応型リーダーシップ理論を構築し，フォロワーの成熟度という時間の概念を導入した。フォロワーの成熟度の違いに応じて，有効なリーダーシップも変化すべきという理論であり，「ライフサイクル理論」とも呼ばれている。

4　初期のリーダーシップ論とダイナミックス・権限

　初期のリーダーシップ論（特性アプローチ，行動アプローチ，状況／コン

ティンジェンシー・アプローチ）について，「社会の環境変化に適応し，ダイナミックに変化するリーダーシップであるのか」と「権限によらないリーダーシップであるのか」の 2 点を考察する。まず，社会の環境変化に適応しダイナミックに変化するリーダーシップであるのかについてである。状況／コンティンジェンシー・アプローチに分類される，Hersey & Blanchard（1977）の状況対応型リーダーシップ理論が，フォロワーの成熟度の発展により，リーダーシップも変化すべきとの理論構築を行っている。この理論は時間軸を導入した理論としては画期的なものではあるが，フォロワーの「個」の技術・技能などの成熟度の進化に焦点化したもので，組織や集団が総体として社会の環境変化に適応していくというダイナミックスを考察するものではない。この状況対応型リーダーシップ理論以外の初期のリーダーシップ論については時間軸を導入し変化するリーダーシップという視点からの分析は確認できない。

　次に，権限によらないリーダーシップかどうかについてである。かつての偉人アプローチは，「偉大なリーダーは何らかの特殊な特性をもち，それにより場面・状況にかかわらず重要な地位に昇りつめることができ，（中略）社会的特権を正当化しようとするもの」（Chemers, 1997）と言われており，偉人アプローチは議論の前提として地位に伴う権限が存在すると言えよう。偉人アプローチに続く，初期のリーダーシップ論については，「後にBurns（1978）が交換型リーダーシップと呼んだように，リーダーとフォロワーとの社会的交換によって成立するものとみなされ，その結果としてフォロワーが，権限に服従する代わりに報酬を得る受動的な存在として位置づけられた」（小野，2016）との指摘もあるように，組織や集団の公式的な地位による権限を暗黙の前提にして議論を展開しているように思われる。実際に特性アプローチを代表するStogdill（1948）の研究では，さまざまな組織場面におけるリーダーとフォロワーの個人特性の違いを調べることに焦点をおいている[2]。また，行動アプローチや状況／コンティンジェンシー・アプローチも，その分析の中心は組織におけるリーダーシップのあり方が基本となっている。

　しかし，これら初期のリーダーシップ論は，公式的な地位に伴う権限を持っ

たリーダーに重きを置いた研究であることは推定できても，権限を持たない
リーダーを排除したものとは言えないことから，別の視点から権限によるもの
か否かを検討する必要がある。それは，リーダーとフォロワーとの関係性を
もって判断するというものである。権限によるリーダーシップの場合，フォロ
ワーはリーダーの指示に従って行動するという受動的な存在となりがちである。
一方，権限によらないリーダーシップの場合，リーダーの専門力や人間的魅力
といった「個人の力」を影響力の源泉として，フォロワーが共通目標に向かっ
て自主的に行動する，能動的な存在として活動するようにリーダーシップを発
揮することになる。つまり，フォロワーを受動的存在と考えるか，能動的存在
として考えるかによって，権限によるリーダーシップか否かを推定するもので
ある。受動型のフォロワーを前提としてリーダーシップのあり方を組み立てて
いるリーダーシップ論は，権限によらないリーダーシップとはなりにくいと考
えられるからである。

　そこで，初期のリーダーシップ論におけるフォロワー像について考察を行う。
まず，特性アプローチ（偉人アプローチを含む）については，リーダーの資質
のみが研究対象となっていたため，そもそもフォロワーについては考慮されて
いない。つまり，フォロワーはリーダーシップの発揮において受動的な存在と
して位置づけられている。次に，行動アプローチについては，フォロワーに組
織への関与を促すといった，よりフォロワーの存在を考慮しているものの，
フォロワーはあくまでもリーダーが決定した事項を受けとめる受動的な存在と
して位置づけられている。そして，状況／コンティンジェンシー理論において
は，集団のおかれた状況によって適切なリーダーシップは異なるとし，フォロ
ワー側の状況に着目する（浜田・庄司，2015）というように，多元的にフォロ
ワーを捉えようとしているが，フォロワーの位置づけは行動アプローチと大き
な差異は見られない。

　以上から，初期のリーダーシップ論は，社会の環境変化に応じてダイナミッ
クに変化する，権限によらないリーダーシップとは基本的な考え方に相違点が
あるものと考える。

5　まとめ

　初期のリーダーシップ論についてそれぞれの特徴を明らかにし，社会の環境変化に適応してダイナミックに変化する，権限によらないリーダーシップであるかどうかを考察した。その結果，状況/コンティンジェンシー・アプローチにおいて，フォロワーの成熟度という時間軸を導入した理論はあるが，組織あるいは集団の総体としてのダイナミックスを加味したものではなく，また，それ以外の初期のリーダーシップ論には，「ダイナミックに変化するリーダーシップ」という特徴は見出せなかった。　また，初期のリーダーシップ論は，公式的な地位にあるリーダーが発揮するリーダーシップを暗黙の前提として構築されているようにも思われるが断定ができない。そこで，リーダーとフォロワーとの関係性を見ることで，権限との関係性を考察した。その結果，初期のリーダーシップ論におけるフォロワーは，リーダーの指示を受け行動する受動的な存在であり，フォロワーの積極的な関与を促し共通の目標達成に向かって努力するという能動的なフォロワーを前提とした，権限によらないリーダーシップとは基本的な点で相違点があることが分かった。

◉注
1　Chemers（1997）は，この定義について，「多くの理論家や研究者に広く受け入れられているリーダーシップの定義」として紹介し，「この定義の主要なポイントは，リーダーシップが集団過程であり，社会的影響に基づき，共通の課題を解決する，というところにある」と述べている。
2　特性アプローチ研究を代表する，Stogdill（1948）は，さまざまな組織場面でのリーダーとフォロワーとの個人特性の相違点の調査を行った。それは，「リーダーシップ地位は多種多様な方法で操作された。集団内の人々の行動を観察する，ソシオメトリーにより同僚や他の仲間を選択する，協同組合の長，工場経営者，行政官などの公の地位を想定する，伝記・個人史を分析するといった方法である」（Chemers, 1997）といったもので，必ずしも組織のしかるべき地位についた人物の特性に限定したものではなかった。

第 **2** 章

互恵的なリーダーシップ論と権限・ダイナミックス

1 はじめに

　前章では，初期のリーダーシップ論を代表する，特性アプローチ，行動アプローチ，状況／コンティンジェンシー・アプローチについて順次考察してきた。年代を経るごとに，リーダー一辺倒のリーダーシップ研究から，フォロワーとの関係性を重視する研究へと移行してきた。しかし，これら初期のリーダーシップ論においては，フォロワーはあくまでリーダーの指示に従う受動的な存在として位置づけられてきた。つまり，「権限に服従する代わりに報酬を得る受動的な存在」（小野，2016）であった。その後，1970年代頃から，フォロワーにもっと軸足を移したリーダーシップ論が現れてきた。Greenleaf（1977）が提唱したサーバント・リーダーシップ論である[1]。このサーバント・リーダーシップ論は，リーダーはまずフォロワーに奉仕し，その後導くものであるとの考え方に立つリーダーシップ論である。そして，1980年頃からは，市場における国際競争の激化などの環境変化に対応するためのトップ・リーダーにとってのリーダーシップが模索されるようになった。これが，Burns（1978），Bass（1985），Kotter（1990）らに代表される変革型リーダーシップ論である。Burns（1978）は，組織に変化をもたらす変革型リーダーシップと，フォロ

ワーとの社会的交換により組織活動を維持する交換型リーダーシップの存在を明らかにした。その理論を体系的に発展させたのがBass（1985）である。Kotter（1990, 1995, 1999）は，リーダーシップとマネジメントとの違いや，企業変革の8段階プロセスなどを提示した。浜田・庄司（2015）は，変革型リーダーシップを，組織全体を視野に入れ，明確なビジョンと変化の必要性を示しながら，フォロワーを動機づけるものとしている。さらに，1990年代の後半からは，メンバー間でリーダーシップを共有するというシェアド・リーダーシップの研究が現れた。Carson, Tesluk & Marrone（2007）は，シェアド・リーダーシップに関する先行研究をレビューし，その定義や測定尺度，従属変数について整理した。その最初に取りあげられているのが，Avolio, Jung, Murry & Sivasubramaniam（1996）のシェアド・リーダーシップの研究である。この研究では，シェアド・リーダーシップをチーム・レベルの概念としてとらえてモデル化し，かつ，TMLQ（Team Multifactor Leadership Questionnaire）を用いて，シェアド・リーダーシップの効果とチーム効力感や凝集性，信頼感などとの関係を実証している。

　このように社会の環境変化に応じて，リーダーシップのあり方も変化してきている。その変化の視点として重要なのが，冒頭で述べたリーダーとフォロワーとの関係性の変化である。特性アプローチや行動アプローチまでのリーダーシップ論の焦点はあくまでリーダーであり，フォロワーはあくまで受動的に影響を受ける存在として位置づけられている。松山（2018）は，状況／コンティンジェンシー・アプローチにおいては，フォロワーはリーダーシップ・スタイルを左右する存在として扱われていたものの，その影響力は間接的であったと指摘している。そして，松山（2018）は，変革型リーダーシップでは，フォロワーは高次欲求を有した主体として尊重されるようになり，サーバント・リーダーシップでは，フォロワーは何よりも第一義に捉えられ，リーダーと対等なパートナーシップを形成する存在となったとも述べている。さらに，石川（2016）は，シェアド・リーダーシップは，全員によるリーダーシップ，全員よるフォロワーシップ，流動的なリーダーシップの3点が特徴と指摘して

いる。つまり，シェアド・リーダーシップでは，フォロワーはリーダーと同じ位置に立つ存在としてみなされているのである。

このように，リーダーシップ研究は，リーダーのあり方を研究しながら，結果的にフォロワーのあり方に研究の軸を移してきたと言える。つまり，フォロワーがリーダーから影響を受けるだけの受動的存在から，能動的存在へと進化してきている。この能動的存在とは，共通の目標に向かって自主的，積極的に行動する主体ということであり，時と場面によってはリーダーシップを発揮する存在を意味するものである。

以上のことを踏まえ，権限によらないリーダーシップとは，組織や集団の地位に伴う権限に依拠した公式の力ではなく，リーダーの持つ，専門力や人間的魅力などの個人の力を影響力の源泉とするリーダーシップであり，フォロワーを能動的存在として認識し，共通の目標に向かってフォロワーの自主的，積極的な行動を引き出す，リーダーとフォロワーとの互恵的なリーダーシップと言える。そこで，リーダーシップ研究の中で，リーダーとフォロワーとの互恵的な関係の中にリーダーシップの源泉を見出していこうという互恵的リーダーシップ論の主要な理論（変革型リーダーシップ，サーバント・リーダーシップ，シェアド・リーダーシップ）に焦点をあて，順次考察する。

2 互恵的リーダーシップ論(1)
―変革型リーダーシップ―

まず，互恵的リーダーシップの1つである変革型リーダーシップ（Transformational Leadership）が，権限によらず，社会の環境変化に適応してダイナミックに変化するリーダーシップであるのかを考察する。

2.1 変革型リーダーシップの基本的な考え方

変革型リーダーシップ研究は，Burns（1978）が提唱し，Bass（1985）によって理論的に整備されたと言われている。Burns（1978）は，変革型リー

ダーシップをリーダーとフォロワーが互いにより高次の道徳と意欲を高め合うプロセスとしている。Yukl（2013）もまた，変革型リーダーシップに関して，リーダーは，フォロワーが障害，困難，疲労に直面した際に，熱意と努力を維持するために支援と励ましを提供し，その結果，フォロワーがリーダーを信頼し，当初期待していた以上の行為を引き出すと述べている。つまり，変革型リーダーシップとは，「リーダーが目指す目的に対して自らの意思で賛同して参加意識を高めることを促すリーダーシップ」（小野，2014）なのである。

　Burns（1978）は，リーダーシップを組織に変革をもたらす変革型リーダーシップと，フォロワーとの社会的交換を維持することで組織活動を持続させる交換型リーダーシップ（Transactional Leadership）の2つのリーダーシップ・スタイルの存在を明らかにした。Bass（1985）は，この2つのリーダーシップ・スタイルについて，次のとおり整理している。まず，交換型リーダーシップは，リーダーが，フォロワーが求めるもの（賃金，昇進などの報酬）を獲得することを条件に，必要な目標を設定し，フォロワーをリードし，目標を達成していくリーダーシップ・スタイルである。これに対して変革型リーダーシップは，こうしたリーダーとフォロワーとの間の報酬と目標達成との交換によるものではなく，期待を超えた業績を上げることができるという自信をフォロワーに与えることにより，影響を及ぼすリーダーシップ・スタイルである（図

図表2－1　**変革型リーダーシップと交換型リーダーシップの特性**

変革型リーダーシップ	交換型リーダーシップ
目指すべき成果の重要性や価値そして到達する方法について，フォロワーに気づきや意識のレベルを高める。	仕事から得たいと思えることを認識させ，成果が保障された場合に欲しいものが得られるように理解を促す。
チームや組織あるいは国家のためにフォロワー自身の個人的利害を超越するように促す。	フォロワーの貢献に対する報酬と報酬の確約の社会的交換を行う。
マズローの欲求階層説におけるフォロワーの高次の欲求レベルの変更を促す。	フォロワーが仕事を完遂した場合に，目前の自己利益を満たすようにする。

（出典）Bass（1985）をもとに作成された小野（2018, p.88）より転載。

表 2 - 1 ）。なお，Bassはこの 2 つのリーダーシップは相対立するものではな
く，フォロワーの努力を引き出すために並存していることも指摘している。

2.2　変革型リーダーの条件と行動の特徴

　ではこうした変革型リーダーシップを発揮するリーダーとはどのような人物
なのであろうか。伊丹・加護野（2003）は，変革型リーダーが備えていなけれ
ばならない条件として，「変革のための判断ができる能力を本人がもっている
こと，そうした判断への信頼感を人々がもてることである」とし，その能力と
信頼感のベースになる変革型リーダーの条件として，「大きな視野」「深い思考」
「筋の通った決断」「ぶれない判断」の 4 点をあげている。「大きな視野」を持
つことで，「短期的な判断になりにくく，また思いも掛けぬ重要な要因を見落
としにくい」とし，「深い思考」については，過去の事例や必然的に起きそう
な反応など，「最終判断に至るまでの物事を考える『深さ』がリーダーには必
要」としている。「筋の通った決断」については，「視野の大きさや思考の深さ
があっても，最終的な決断ができない人はリーダーの条件を欠いている」とい
うことであり，筋が通っているとは，「論理があること」と「首尾一貫性があ
ること」だと指摘している。「ぶれない判断」については，変革には状況変化
や抵抗がつきものであるが，「その度に基本方針がぶれるようなリーダーには，
誰もついていかない」ということも指摘している。また，鈴木（2018）は 6 つ
の変革型リーダーの行動の特徴を示している。第 1 に，戦略的な課題を提示し
目標を明確にするという，「戦略的ビジョンを持ち，それを浸透させること」
である。第 2 に，組織内の状況を注意深く観察し，組織を動かすためのツボを
上手く見つけるという「環境探査・理由づけをすること」である。第 3 に，ビ
ジョンにあった試行を促し，実際にビジョンを実行するという「実験的試行の
促進」である。第 4 に，組織メンバーに対して忍耐強く，持続的に緊張感を醸
成していくという「実際の行動において，極限を追求し接続させるような厳し
い態度」である。第 5 に，変革への逆風に負けない「フォロワーの育成を行う
こと」である。第 6 に，組織から与えられた権限を超えて，組織内のさまざま

な人々とネットワークをつくり，力になってもらう「より大きな変革のために
も，コミュニケーションやネットワークづくりが重要」ということである。

　以上のように，変革型リーダーは，組織環境が激変し，イノベーションが求
められる時代に登場したリーダー像であり，力強さが強調されている。しかし，
ここでの重要な視点は，変革型リーダーは，「オレについてこい」といった専
制型リーダーではなく，あくまでもフォロワー自らが新たな目標の実現のため
に自律的に行動することを鼓舞するリーダーである。次節においては，こうし
た変革型リーダーの行動を規定するのは何かについて，「変革型リーダーシッ
プ因子」のレベルに分け入って考察する。

2.3　変革型リーダーシップ因子

　Bass & Avolio（1990, 1993）は，変革型リーダーシップは，Four I'sと呼ば
れる4つのリーダーシップ因子構造からなることを明らかにした。それは，「理
想化された影響（Idealized Influence）」「モチベーションの鼓舞（Inspirational
Motivation）」「知的刺激（Intellectual Stimulation）」「個別配慮（Individual
Consideration）」である。これらの因子について，Chemers（1997）は，次の
ように説明している。まず，「理想化された影響」とは，「そのリーダーが非常
に信頼に値し，重要なビジョンを達成できる能力をもっている，というフォロ
ワーの知覚を反映している」ということである。つまり，リーダーが信頼に値
し，ビジョンを達成できる能力をもっている，というフォロワーの知覚のこと
であり，カリスマ因子とも言われる。次に，「モチベーションの鼓舞」とは，
「リーダーのビジョンに情緒的アピール力があり，質が高いものである程度を
反映している」というものである。つまり，フォロワーに対する期待が高いこ
とを伝え，分かりやすい方法で目的を表現し行動に移させることである。さら
に，「知的刺激」とは，「フォロワーが過去の考えに疑問をもつことをリーダー
が奨励し，部下が独立的で創造的な思考をもつように援助する程度を評価した
もの」である。つまり，フォロワーが革新的・創造的な思考をもち行動するよ
うに支援するということである。そして，「個別配慮」とは，「公正で満足のい

くやり方でリーダーが各々のフォロワーを扱う程度を測定している」とし，
「リーダーの行動が挑戦と学習の機会を提供することによって，部下のニーズ
の成熟度を高めるということ」である。つまり，リーダーが各々のフォロワー
の欲求を認識し，勇気づけ，支援するメンターやコーチの役割を果たすことで
ある。石川（2009）は，「これら４つのタイプの行動が，チームの目標の達成
に対する強烈な貢献意欲とそれに基づく行動を，フォロワーから引き出す」と
指摘している。

　以上をもとに，変革型リーダーであるための条件，変革型リーダーとしての
行動の特徴，そして，そうした行動を促す変革型リーダーシップ因子について
整理すると図表２－２のとおりとなる。

図表２－２　変革型リーダーの条件・行動及び変革型リーダーシップ因子

変革型リーダーの条件 （伊丹・加護野，2003）	変革型リーダーの行動 の特徴（鈴木，2018）	変革型リーダーシップ因子 （Bass & Avolio, 1990, 1993）
・大きな視野	・戦略的ビジョンをもち浸透させる	・理想化された影響 ビジョンやミッションの意味をフォロワーに伝え尊敬と信頼を得る。
・深い思考	・環境探査・理由づけ	
・筋の通った決断	・実験的試行の促進	・モチベーションの鼓舞 フォロワーに対する期待の強さを表明し分かりやすく目的を表現する。
・ぶれない判断	・極限を追求し接続させる厳しい態度	・知的刺激 フォロワーが創造的な思考をもつように支援する。
	・フォロワーの育成	・個別配慮 フォロワーに対してメンターやコーチの役割を果たす。
	・ネットワークづくり	

（出典）筆者作成。

2.4　変革型リーダーシップとダイナミックス・権限

　変革型リーダーシップが，社会の環境変化に適応し，ダイナミックに変化する，権限によらないリーリーダーシップであるのかについて考察する。

　まず，社会の環境変化に適応しダイナミックに変化するリーダーシップかということである。20世紀後半，激しく変化する環境変化に対処するためには，組織や集団は改善ではなく改革を求められるようになった。そこで生まれたのが，新たなビジョンや価値を共有し，衰退・停滞した組織や集団の現状を打破することで革新的再興へと促すリーダーシップ—変革型リーダーシップ—である。変革型リーダーシップは，組織や集団を新たな視点で変革するという意味では「ダイナミックなリーダーシップ」と言える。しかし，長い時間軸の中で，フェーズに応じてリーダーシップ・スタイルを変化させるといった意味での「ダイナミックなリーダーシップ」とは言えない。なぜなら，変革型リーダーシップは，組織や集団を革新的再興期へ導くリーダーシップであって，成長・安定期に移行した後のリーダーシップとしては，必ずしも有効なリーダーシップとは言えないからである。それは，変革型リーダーシップがある種の激しさを持つため，安定期には逆に弊害をもたらす可能性もあるからである。したがって，変革型リーダーシップは「フェーズに変化をもたらすリーダーシップ」ではあるが，「フェーズとともに変化するリーダーシップ」とは言えないのである。

　次に，権限によることなく，力強いリーダーシップとなりうるのかということである。この「力強さ」に拘るのは，組織や集団を再生・活性化させるには，権限によるか否かに関わらず，「力強さ」がなければ，再生・活性化できないと考えるからである。変革型リーダーシップは，その理論が生まれてきた時代背景からいってトップ・リーダーのリーダーシップであり，権限を持つリーダーを基本的には想定していると考えるのが自然ではある。しかし，変革型リーダーシップの本質は，リーダーとフォロワーが互いにより高次の道徳と意欲を高め合うプロセス（Burns, 1978）にあり，権限によりフォロワーを動か

すのではなく，ビジョンや価値観の共有によりフォロワーの心の琴線に触れて
フォロワーの自主的，積極的な行動を促すリーダーシップである。このことか
ら，適切な権限の行使があればより力強く，効果的なものとなるが，必ずしも
権限によらなくても一定の効果を期待できるリーダーシップと考える。また，
「力強さ」については，変革型リーダーシップは直面する課題に対しての解決
策を求めるだけでなく，新たな視点から革新的な仕組みの構築を期待され，理
論化されたリーダーシップであり，変革型リーダーとしての条件を満たし行動
するならば，力強いリーダーシップとしてその役割を果たすことが可能となる。
一方では力強さ故の課題もある。松山（2018）は，「変革型リーダーシップは，
フォロワーの主体性を高め，高度な欲求を追求するように仕向ける」としなが
らも，「フォロワーの潜在的動機を導き出すといいながら，押しつけになる可
能性も否めない。もしそうだとすれば，フォロワーの主体性は全く認められな
いことにもなる」と指摘し，リーダーシップとしては「諸刃の剣」となる存在
であることを示している。また，石川（2009）は，日本の研究開発チームを対
象に，変革型リーダーシップがチーム業績に対して与える影響の実証分析を
行った結果，チームの効力感を高めることで業績に正の影響を及ぼすが，反面，
チームのコンセンサス維持規範を高めすぎることで，チームの創造性を抑制し，
業績に負の影響を与えることも示した。

　以上のように変革型リーダーシップには課題もあるが，フォロワーの意識を
高め，フォロワーの潜在的な動機を見出し，その能力を期待以上に引き出す力
強さをもったリーダーシップであることに間違いはない。したがって，権限に
よることなく，リーダーとフォロワーが相互信頼のもと，組織や集団を革新的
再興に導くに相応しいリーダーシップと考えられる。

3　互恵的リーダーシップ論(2)
―サーバント・リーダーシップ―

　次に，互恵的リーダーシップの1つであるサーバント・リーダーシップ（Sevant

Leadership）が，権限によらず，社会の環境変化に適応してダイナミックに変化するリーダーシップであるのかを考察する。

3.1 サーバント・リーダーシップの基本的な考え方

サーバント・リーダーシップは，Greenleaf（1977）が提唱したリーダーシップ論である。金井（2007）は，Greenleafがサーバント・リーダーシップを着想したきっかけを，65歳の時に読んだHesse（1932）の短編小説『東方巡礼』にあると指摘している。その時，Greenleafは若い世代にもアピールする新しいリーダーシップ論を模索していたのである。Greenleafは，集団の夢や目標を実現するために，メンバーが行動しやすいように優れたリーダーがサーバントとして行動する，つまり，集団に奉仕する人として行動する側面に注目して，独自の理論構築を行った。サーバントは召使，リーダーは指導者と考えると，サーバント・リーダーシップというコンセプトは一見すると矛盾するように感じられる。この2つの言葉の関係について，Greenleaf（1977）は，「サーバント・リーダーとは，そもそもサーバントである」とし，「まず奉仕したい，奉仕することが第一だという自然な感情から始まる」と述べている。さらに，Greenleaf（1977）は，リーダーが組織の構成員の先頭に立ってアイディアや構想を示し，組織の成功も失敗も引き受ける存在であると考えている。相手のしたいことを単に支援するのがサーバント・リーダーではなく，その前提に，大きな夢や確固たるビジョンをもってイニシアティブをとっていくことこそが，サーバント・リーダーシップの本質ということである。

サーバント・リーダーシップは，その基本的な考え方を理解し，仕組を整え，粘り強く取り組んでいけば効果的なリーダーシップであることが，ノードストローム[2]，サウスウエスト航空[3]，TDインダストリーズ[4]，資生堂[5]などの実践例が示している。

3.2 サーバント・リーダーの特徴

Spears（1998, 2002）はサーバント・リーダーには次の10の特徴があると指

摘する。

①傾聴（Listening）

　他のメンバーの話を全力で傾聴することで，グループの意思を見つけ出し，その意思を明確にしようと努力すること。

②共感（Empathy）

　メンバーの話を理解して共感することに全力で取り組むこと。

③癒やし（Healing）

　自己を癒やし，他のメンバーとの関係を本来の姿にすること。

④気づき（Awareness）

　広くさまざまなことに気づく力である。

⑤説得（Persuasion）

　権限ではなく専ら説得を手段にすること。

⑥概念化（Conceptualization）

　問題を概念化して捉えること。

⑦先見力（Foresight）

　ある状況がどのような結果になるかを先見すること。

⑧執事役（Stewardship）

　ほかの人の必要性に全力で応えること。

⑨人々の成長への関与（Commitment to the growth of people）

　従業員が，人間として，職業人として，また精神的に成長するためにはどのようなことでもするということ。

⑩コミュニティづくり（Building community）

　会社などの組織で働く人たちの間でも，本物のコミュニティを創ること。

　そして，真田（2011）は，このサーバント・リーダーが持つ10の属性と実際の行動のプロセスとの関係を，図表２−３のとおり４段階に整理している。第１段階では「概念化」により目指すべき大きな夢やビジョンを明確化し，第２段階では「先見力」により夢やビジョンの達成の道筋を明らかにする。第３段

階では「傾聴」と「共感」により，相手の思いを引き出すとともに自己認識力を高めつつ，相手にもさりげなく「気づき」を与え「納得」[6]を得る。「癒やし」により相手の心に寄り添いながら安心感を与え，「執事役」としての信頼を得ることでメンバーの気持ちを束ねる。第 4 段階では，「人々の成長」と愛情に溢れた「コミュニティづくり」を実現するためメンバーの力を引き出し，第 1 段階で描いた夢やビジョンの実現に向け行動する，というものである。ここでのポイントは，サーバント・リーダーは単にフォロワーに奉仕する人ではなく，概念化する能力と先見力を持ち，大きな夢に向かってフォロワーを能動的に導く人であることにある。この点に関して，金井（2007）もまた，サーバント・リーダーは，大きな夢やビジョナリーなコンセプトを持っており，コミュニケーション能力に優れている人物であると指摘している。つまるところ，

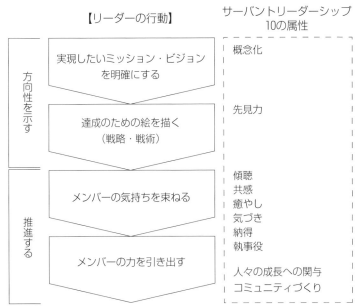

図表 2 − 3　サーバント・リーダーシップの行動と10の属性

（出典）真田（2011, p.73）「リーダーシップの機能とサーバント・リーダーシップ10の属性」から転載。

サーバント・リーダーシップの本質は，リーダーがフォロワーに尽くすことでその信頼を得て，フォロワーが自らの意思でリーダーとともに夢の実現に向け行動することにある。

3.3　サーバント・リーダーシップとダイナミックス・権限

　まず，サーバント・リーダーシップは，社会の環境変化に適応してダイナミックに変化するリーダーシップであるのかについてである。大きく変化する環境では変革型リーダーシップが求められ，より静的な環境ではサーバント・リーダーシップがより効果的である（Smith, Montagno & Kuzmenko, 2004）との指摘があるように，サーバント・リーダーシップは，成長・安定期において有効であるが，必ずしも革新的再興期には効果的なリーダーシップとは言えない。従って，長期的な時間軸から見たときは，サーバント・リーダーシップは，「ダイナミックに変化するリーダーシップ」とは言えない。

　次に，サーバント・リーダーシップは，権限によらないリーダーシップであるのかということである。サーバント・リーダーシップは，リーダーがまずフォロワーに尽くすことでその信頼を得て，フォロワーが自らの意思で，リーダーとともにあるべき姿の実現に向け行動することを促すリーダーシップである。すなわち，リーダーとフォロワーとの信頼関係を構築・熟成させていくことで効果を発揮するリーダーシップである。それだけに，いかに信頼を作り上げ，いかに信頼を強固なものにしていくのか，また，いかに信頼を持続させていくのかが強く問われるリーダーシップである。このことに関連し，Hunter（1998）は，リーダーシップを「共通の利益になると見なされた目標に向かって熱心に働くよう，人々に影響を与える技能」と定義し，他者のために最高の利益を求める「奉仕と犠牲」により人々を導くのがサーバント・リーダーであるとしている。また，Greenleaf（1998）は，「サーバントになる可能性を持つ若者は，すべての権力行使の役割について，対等で有能な仲間と共有する場合を除いて避けるよう，助言を受けるべき」と述べている。つまり，権力は腐敗することからサーバント・リーダーは細心の注意をはらって権力と向き合うべ

きことを指摘している。以上のことから，サーバント・リーダーシップは権限
によらずとも，有効なリーダーシップと言える。むしろ，仮に権限に基づく権
力を手にする立場にあっても，Greenleaf（1998）の言に従えば，「権力行使の
役割を一人では決して引き受けない」のが良いとの考え方に立つことから，権
限によらないことをより強く意識したリーダーシップと言える。

　次に，サーバント・リーダーシップは，組織・集団の衰退・停滞に歯止めを
かけ，革新的な再興に繋げていく，力強さを持ったリーダーシップなのかとい
うことである。組織・集団の衰退・停滞に歯止めをかけ革新的再興に導くには，
何よりも新たな視点から力強さとスピード感を持った取組が求められる。こう
した取組を可能とするには，リーダーシップにも力強さとスピード感が必要で
あるが，これはサーバント・リーダーシップよりも，変革型リーダーシップに
近い性格のものと考える。一方，組織・集団の再生・活性化のプロセスは息の
長い取組であり，衰退・停滞期から革新的再興期へ，そして成長・安定期へと
シームレスに活動を継続させていく必要がある。サーバント・リーダーシップ
の特徴を考えたとき，組織や集団の再生・活性化活動によって一定の仕組みが
構築された後の成長・安定期においてこそ，サーバント・リーダーシップのも
つ特性がより効果的に発揮できるものと考える。また，1人のサーバント・
リーダーが，構築された仕組みを長い年月の間において改善・維持していくに
は大きな負担がかかる。サーバント・リーダーシップにおいても，1人のリー
ダーではなく，複数の人々がそれぞれの強みを出し合ってリーダーシップを発
揮することが，実践においては効果的であり実現可能性も高いと考える。

　以上から，サーバント・リーダーは，権限によらずフォロワーに対しアイ
ディアや構想を示し，献身的にフォロワーに奉仕することで信頼を得て，フォ
ロワーがあるべき姿に向かって自発的に行動し成長していくことを粘り強く導
くリーダーである。そして，サーバント・リーダーが，フォロワーとの信頼を
基盤として，フォロワーに意識の変化を促し行動を支援する行為がサーバン
ト・リーダーシップである。その特徴から権限によらないリーダーシップであ
り，安定・成長期において，より効果を発揮するリーダーシップと言える。

3.4　サーバント・リーダーシップと変革型リーダーシップとの
　　　共通点・相違点

　ここで，サーバント・リーダーシップと変革型リーダーシップとの共通点・相違点を明らかにする。まず，共通点である。両者ともその出発点は，フォロワーに対して進むべき方向性を定め，示すことにある。このことは，サーバント・リーダーも変革型リーダーも，初期のリーダーシップ論における受動的なフォロワー像とは異なり，フォロワーの能動的な行動を喚起することを重視していることによるものである。浜田・庄司（2015）もまた，両リーダーシップの共通点をリーダーの特徴や行動がフォロワーの能動的な行動を喚起すること，併せて，個々のフォロワーに配慮する点であると指摘している。

　次に，相違点である。変動する環境は変革型リーダーシップが効果的であり，静的な環境はサーバント・リーダーシップが有効との指摘は前述のとおりである（Smith *et al.* 2004）。また，Stone, Russell & Patterson（2004）は，両者の差異はリーダーシップの焦点のあて方とし，変革型リーダーシップの焦点は組織に向けられ，変革リーダーの行動は組織目標へのフォロワーのコミットメントを作り出すことと論じている。一方，サーバント・リーダーシップの焦点はフォロワーであり，組織目標の達成は副次的な成果にすぎないとしている。このことについては，Smith *et al*（2004）も「サーバントリーダーのモチベーションはフォロワーの個人的成長に向けられ，一方，変革型リーダーのモチベーションは組織としての成功に向けられている」と述べている。そして，Lowder（2009）は，変革型リーダーはサーバント・リーダーよりも，知的な刺激により強い焦点をあてていると指摘している。サーバント・リーダーは，フォロワーの個人としてのポテンシャルを高め，その成長を促すことに力点を置くが，変革型リーダーは，従業員のイノベーションや創造性を高めることをより重視しているとしている。この考えは，サーバント・リーダーシップの焦点が個人の発達におかれ，変革型リーダーシップの焦点が組織的な発展におかれていることを示しており，重要なポイントであると論じている。さらに，

Parolini, Patterson & Winston（2009）は，両者の違いに関する実証的研究を行い，企業を含むさまざまな組織で働く約500人のサンプルをもとに分析を行った結果，変革的リーダーと比較して，サーバント・リーダーはフォロワーのニーズにより重点を置いていることを確認している。van Dierendonck, Stam, Boersma, de Windt & Alkema（2014）もまた実証分析研究により，サーバント・リーダーシップと変革型リーダーシップはともに組織のコミットメントとワークエンゲイジメントに関連しているが，影響力を行使する方法は異なることを指摘した。つまり，サーバント・リーダーシップはフォロワーの満足度を高め，一方，変革型リーダーシップはリーダーシップの効果性を高めることで，ワークエンゲイジメントや組織コミットメントにプラスの効果を与えていることを指摘している。

　以上のように，変革型リーダーシップとサーバント・リーダーシップには共通点あれば相違点もある。池田（2017b）は，サーバント・リーダーシップの歴史は長いが，その効果やメカニズムの実証研究は最近になってから始まったとし，今後の研究蓄積に期待を寄せるとともに，サーバント・リーダー育成のための体系的な知識やプログラムの整備を求めている。

4　互恵的リーダーシップ論(3)
―シェアド・リーダーシップ―

　次に，互恵的リーダーシップの１つであるシェアド・リーダーシップ（Shared Leadership）が，権限によらず，社会の環境変化に適応してダイナミックに変化するリーダーシップであるのかを考察する。

4.1　シェアド・リーダーシップの基本的な考え方

Pearce & Conger（2003）は，シェアド・リーダーシップを「集団の個人間におけるダイナミックで相互に作用して影響を与え合うプロセスであり，その目的は集団か組織，あるいはその両方の目標達成のために互いに導き合うこと

である」とし，リーダーシップは，「上位の役割を担う一人の個人に集中するのではなく，広く個人の間に分配されるものである」とも述べている。また，石川（2016）は，「いかに優れたリーダーであっても，1人のリーダーだけでは，優れた決断ができないのが現代」とし，「職場のメンバーが必要なときに必要なリーダーシップを発揮し，誰かがリーダーシップを発揮しているときには，他のメンバーはフォロワーシップに徹するような職場の状態」とも述べている。今日の環境変化の速さと複雑さにより，効果的なリーダーシップを発揮するのは簡単ではない。それ故に，優れたリーダーが求められ，彼らに過剰な期待が寄せられる場合もある。しかし，1人の人間が，組織を効果的にリードするために必要なすべてのスキルと能力を所有することは極めて難しい。そこで，複数のリーダーたちが責任を共有しながらリーダーシップを発揮する，シェアド・リーダーシップが注目されているのである。

4.2　シェアド・リーダーシップの特徴

　シェアド・リーダーシップは，伝統的，階層的，または垂直的なリーダーシップモデルのように，リーダーシップは，上級管理者の役割を担う個人に制限されるものではなく，高度に共有されたリーダーシップは，グループまたは個人のチーム内に広く配分されるべきものとの考え方に立つ。池田（2017a）は，リーダーシップの形態を3つのパターンに分け，シェアド・リーダーシップの特徴を示している（図表2－4）。従来型が(a)の垂直型リーダーシップ

図表2－4　リーダーシップの形態

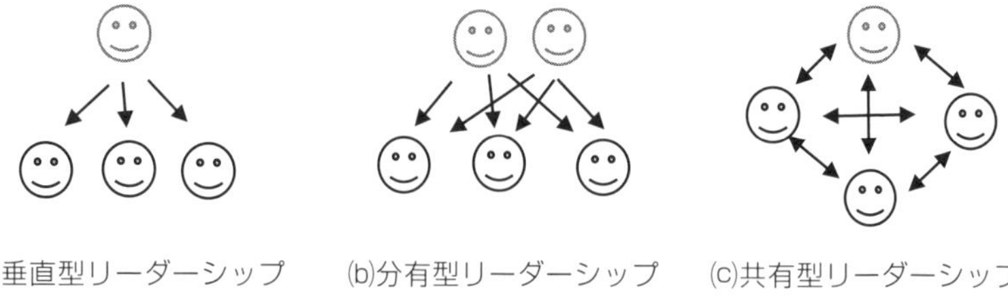

(a)垂直型リーダーシップ　　　(b)分有型リーダーシップ　　　(c)共有型リーダーシップ
（出典）池田（2017a，p.152）をもとに筆者作成。

（Vertical leadership）であり，最近の研究で注目されているのが，(b)の分有型リーダーシップ（Distributed Leadership）と(c)の共有型リーダーシップ（Shared Leadership）である。

　池田（2017a）は，分有型リーダーシップは，ある特定のリーダーだけでなく，リーダーとサブリーダーやインフォーマル（非公式）リーダーなど複数のリーダーが協力して，リーダーが発揮すべき役割を分担するリーダーシップ・スタイルであり，共有型リーダーシップは，チームの特定のリーダーだけでなくメンバーも分け隔てなくリーダーシップを発揮するリーダーシップ・スタイルとしている。

　また，石川（2016）は，シェアド・リーダーシップの特徴を，「全員によるリーダーシップ」「全員によるフォロワーシップ」「流動的なリーダーシップ」と述べている。まず，「全員によるリーダーシップ」は，Aを上司としたとき，上司と部下（B〜E）だけでなく，部下の間にも双方向の影響力が存在する関係性である。また，誰が上司か部下かは重要ではなく，その場面に応じて最も適した人物がリーダーシップを発揮すればよいとの考え方である（図表2－5）。

図表2－5 シェアド・リーダーシップにおける影響力のタイプ

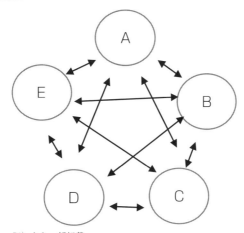

（出典）石川（2016, p.54）から一部転載。

　次に，「全員によるフォロワーシップ」についてである。このことに関して石川（2016）は，「シェアド・リーダーシップとは，リーダーシップをとるのがふさわしい人がリーダーシップを発揮し，その瞬間は，他のメンバーが模範的なフォロワーシップに徹しているような職場の状態をいう」と述べている[7]。ここでいう模範的フォロワーとは，「組織の非能率的な壁に立ちはだかれても才能を遺憾なく発揮し，目指す目的に積極的に取り組んでいく」（小野，2016）という人物である。自律した組織人であって建設的な批判をしつつも，自らもプレイヤーとして目的に向かって挑戦する人と言える。

　次に，「流動的なリーダーシップ」についてである。石川（2016）は，「状態や試行錯誤のプロセスに応じて，次々とリーダーシップとフォロワーシップが変化すること」とし，仕事環境の曖昧さが高いときはこの変化が速くなり，そのことで試行錯誤を繰り返しながら，適切なやり方を求めていく必要があることも指摘している。このことに関連して，日向野（2018）は，「権限や役職によらないリーダーシップは，リーダーシップをとる人が複数出てくるためシェアド（共有型）リーダーシップとも呼ばれ，『船頭多くして船，山にのぼる』にならないためには，目的・目標の共有が最も重要である」と述べている。シェアド・リーダーシップが，机上の空論ではなく実践において効果を発揮するためには，「流動的」であることと，「目的・目標の徹底」という，ある意味，二律背反する事項を両立させていくことが重要である。Lawrence & Lorsch（1967）もまた，組織環境の変化が激しい中で業績を上げている組織は，分化と統合のバランスをとっていると指摘している[8]。

　以上から，シェアド・リーダーシップの有効性は，この分化と統合のバランスにあることが理解できる。流動性，多様性，自律性といった，分化に繋がる要素が，シェアド・リーダーシップの柱となっているだけに，逆に統合の程度が，実践の場においては，リーダーシップとしての有効性を決定づける可能性がある。組織や集団の置かれた状況や目指す方向性に適応した，統合のための何らかの仕組みが必要である。仮に，そうした仕組みが構築されないまま活動に着手すると，活動が途中で空中分解する可能性も否定できない。つまるとこ

ろ，シェアド・リーダーシップが有効性を保つためには，分化と同時に，統合の設計を上手く行わないと本来の機能は発揮できないということである[9]。

4.3　シェアド・リーダーシップとダイナミックス・権限

　まず，シェアド・リーダーシップが，社会の環境変化に適応してダイナミックに変化するリーダーシップであるのかについてである。組織や集団の複数の人間，時には全員がリーダーシップをとることが重要と考えるのがシェアド・リーダーシップである。つまり，「『リーダー→フォロワー』という『垂直的な関係』ではなく，それぞれのメンバーが時にリーダーのように振る舞って，他のメンバーに影響を与え合うという，『水平関係』のリーダーシップ」（入山，2016）が，シェアド・リーダーシップであることから，社会の環境変化の局面によって適・不適を選ぶリーダーシップではない。むしろ，シェアド・リーダーシップという，「水平関係のリーダーシップ」を基本としながら，革新的再興期には変革型リーダーシップと組み合わせ，成長・安定期にはサーバント・リーダーシップと組み合わせることでリーダーシップの有効性を高めていき，社会の環境変化にダイナミックに適応するというのが有効ではないだろうか。つまり，シェアド・リーダーシップは，組織や集団におけるリーダーシップの基盤を担い，革新的再興期，成長・安定期といった社会の環境変化に対しては，それに相応しいリーダーシップとのベストミックスを選択するというア

図表 2 − 6　リーダーシップの組合せによる社会環境の変化への対応

革新的再興期　　➡　成長・安定期
変革型リーダーシップ　　｜　サーバント・リーダーシップ
シェアド・リーダーシップ

（出典）筆者作成。

イディアである（図表2－6）。

　次に，シェアド・リーダーシップは，権限によらないリーダーシップであるのかについてである。結論から言えば，シェアド・リーダーシップは権限によらず，フォロワーとの共通の目標設定のもと，フォロワーの自らの意思による積極的な行動を引き出すリーダーシップとしての基本的な要件は満たしている。なぜなら，シェアド・リーダーシップは，組織や集団の向き合う課題に応じて，リーダーとフォロワーが入れ替わることを前提にしているからである。権限を背景にするならばこのようなことは実現しない。まさに，高度な専門力や魅力的な人間力によって他者に影響を与えるリーダーシップなのである。また，組織や集団の再生・活性化の活動を見たとき，1人の傑出したリーダーの活躍が功を奏した例もあり，ドラマ性もあることからカリスマ的なリーダーの待望論はいまだに根強い。しかし，現実を直視したとき，傑出したリーダーが得られる可能性は決して高くはない。むしろ，組織や集団に対する強い愛着を持つ「普通の人々」が各々の強みを生かしながら，シェアド・リーダーシップを発揮し，ともに活動に挑戦することの方が現実的であることから，実践面からも優れたリーダーシップと言える。

　そして，シェアド・リーダーシップが，力強さを持ったリーダーシップであるのかについてである。シェアド・リーダーシップは，組織・集団の複数の人間，あるいは全員がリーダーシップをとることで，共通の目標を達成するというリーダーシップである。つまり，「リーダーは1人」という従来型のリーダーシップではないところに最大の特徴があり，革新的再興期に求められるような，力強さを伴ったリーダーシップであるかどうかについての研究は現時点では確認できていない。

　さて，Zhu, Liao, Yam & Johonson（2018）は，シェアド・リーダーシップの特徴として，①仲間（Peer）同士で水平的な影響を与え合うこと，②個人ではなくチーム事象に関連すること，③リーダーの役割や影響力がチームメンバーに分散されていること，の3点をあげ，変革型リーダーシップ，サーバント・リーダーシップ，権限移譲型リーダーシップ（Empowering Leadership）などを「公式的チーム・リーダー要因（Formal Team Leader Factors)」として，シェアド・リーダーシップの形成に強い関係性があることを指摘している。また，メンバー間で伝統的なリーダーシップ・スタイルが共有されるよりも，変革型リーダーシップやサーバント・リーダーシップなどの新しいリーダーシップ・スタイルが共有される方が，チームのパフォマンスにとってはより効果的であることも示している。Zhu らの研究は，シェアド・リーダーシップと他のリーダーシップとは相互に影響しあうということを示すものであり，この考えに立つならば，組織や集団の置かれたフェーズによって適切なリーダーシップの組合せを行うことで，組織・集団のパフォマンスがより向上すると考えられる。つまり，衰退・停滞期から革新的再興に導くような力強さをリーダーシップに求めるならば，シェアド・リーダーシップと変革型リーダーシップを組み合わせることで力強さを引き出すことが可能となる。入山（2016）の，現在のリーダーシップにおいて最強のパターンは『SL×TFL』[10]の掛け合わせではないか，との指摘とも符合することになる。

　このように，変革型リーダーシップ，サーバント・リーダーシップ，シェアド・リーダーシップは，互恵的なリーダーシップの範疇に属するリーダーシップであるが，それぞれ共通点も相違点もあることから，社会の環境変化に応じて，これらリーダーシップを適切に組み合わせることが重要な視点となってくる。特に，シェアド・リーダーシップと変革型リーダーシップとの組合せや，シェアド・リーダーシップとサーバント・リーダーシップとの組合せによるハイブリッド型リーダーシップの構築は本書の重要なポイントとなる。

5　まとめ

　権限によらないリーダーシップとして有効であるためには，フォロワーとの共通の目標設定のもと，フォロワーの自らの意思による積極的な行動を引き出すリーダーシップでなくてはならない。そこで，リーダーとフォロワーとの互恵的な関係の中にリーダーシップの源泉を見出していこうという互恵的リー

ダーシップ論を取り上げ，その主要な理論である，変革型リーダーシップ，サーバント・リーダーシップ，シェアド・リーダーシップについて順次考察を行った。まず，変革型リーダーシップは，衰退・停滞期にある組織・集団を，リーダーとフォロワーが信頼し合って革新的再興に導くに相応しい，力強さを持ったリーダーシップと考えられる。しかし，その力強さ故に，フォロワーの創造性を抑制する危険性も内包していることから，リーダーとフォロワーとの十分な意思疎通のもと，効果的に発揮する必要があることを指摘した。

　次に，サーバント・リーダーシップは，リーダーが最初にフォロワーに尽くすことでその信頼を得て，フォロワーが自らの意思で，リーダーとともにあるべき姿の実現に向け行動することを粘り強く促すリーダーシップである。こうした特徴を踏まえ，革新的再興期においては新たな視点から力強さや迅速さを持った取組が求められることから，このフェーズにおいては，変革型リーダーシップが有効であることを指摘し，革新的再興期を経て一定の仕組みが構築された安定・成長期においては，サーバント・リーダーシップがより効果を発揮できることを指摘した。

　そして，シェアド・リーダーシップについては，リーダーとフォロワーが立場を入れ替えつつ協働して活動を展開していくリーダーシップであり，多様な人々が構成する組織や集団の再生・活性化には，効果的なリーダーシップである。しかし，シェアド・リーダーシップは，流動性，多様性，自律性といった，分化に繋がる要素を柱としたリーダーシップであるだけに，目標の共有化など適切な統合の仕組みが構築されないと，本来の特徴を生かすことができないことも指摘した。さらに，Zhu *et al*（2018）の研究を踏まえ，シェアド・リーダーシップと他のリーダーシップとは相互に影響しあうということから，組織や集団の置かれたフェーズによって，適切なリーダーシップの組合せを行うことで組織・集団のパフォマンスがより向上することを確認した。

　以上を踏まえ，これら互恵的なリーダーシップのもつそれぞれの特徴を生かして，社会の環境変化に応じて，革新的再興期にはシェアド・リーダーシップと変革型リーダーシップとの組合せ，成長・安定期にはシェアド・リーダー

シップとサーバント・リーダーシップとの組合せによる，ハイブリッド型リーダーシップの有効性を指摘した。

●注

1　この本に先立って *The servant as leader*（Greenleaf, 1970）が出されており，基本的な考え方はこの中で示されている。

2　Spector（1999）らが，サーバント・リーダーシップに通じる「逆ピラミッド組織」の考え方について触れている。また，NORDSTORMの元南カリフォルニア地区担当副社長のSanders（1995）が顧客に奉仕する人に対して奉仕することの重要性を指摘している。

3　Freiberg（1996）が指摘している。

4　Spears（1998）が指摘している。

5　池田・金井（2007）の中で元資生堂相談役の池田守男が記述している。

6　金井（2007）は，「説得」と訳しているが，真田（2011）は「納得」として表現している。そして，真田（2012）はこれを「権限に依らず，服従を強要しない。相手に納得を促すこと」と述べている。

7　模範的なフォロワーということについて，Kelly（1992）は，フォロワーシップの特性を，①「独自のクリティカル・シンキング（Independent, Critical Thinking）」に対する「依存的・無批判な考え方（Dependent, Uncritical Thinking）」，②「積極的関与（Active Engagement）」に対する「消極的関与（Passive Engagement）」という2次元によって整理した。

8　意思決定者が，環境をダイナミックで不確実だと認知する場合は組織がメンバー志向で分化することが必要であり，一方，安定した環境だと認知する場合は統合することが必要だという仮説を，3つの異業種を対象に実証分析を行った。

9　シェアド・リーダーシップの実証分析も進みつつある。その1つに，Grille& Kauffeld（2015）の測定尺度がある。彼らはシェアド・リーダーシップの評価手段が不足していることを踏まえ，「課題志向リーダーシップ（Task Leadership Orientation）」「関係志向リーダーシップ（Relation Leadership Orientation）」「変化志向リーダーシップ（Change Leadership Orientation）」「最小支配志向リーダーシップ（Micropolitical Leadership Orientation）」という4つの測定尺度からなるSPLIT（Shared Professional Leadership Inventory For Teams）を開発した。中でも，「最少支配志向リーダーシップ」については，5つの項目から構成され，新たな尺度として注目される。彼らは，このSPLITは簡潔であり使いやすいことからリーダーシップのトレーニング用プログラムの開発にも応用できると主張している。

10　SL＝Shared Leadership, TFL＝Transformational Leadership.

第 **3** 章

分析枠組みとしての
リーダーシップ好循環モデル

1　はじめに

　第1章では，初期のリーダーシップ論（特性アプローチ，行動アプローチ，状況／コンティンジェンシー・アプローチ）について順次考察を行った。その結果，これらのリーダーシップ論は，フォロワーを受動的存在として位置づけており，フォロワーの積極的な関与を促し，共通の目標達成に向かって努力するという，権限によらないリーダーシップとは相違点があることを指摘した。

　第2章では，互恵的リーダーシップ論（変革型リーダーシップ，サーバント・リーダーシップ，シェアド・リーダーシップ）について順次考察を行った。その結果，これらのリーダーシップ論は，権限によらないリーダーシップと基本的なコンセプトを共有するとともに，三者三葉の特徴がある。そこで，社会環境の変化に適応して，それぞれのリーダーシップ論の特徴を生かしながら最適な組合せを行う，ハイブリッド型のリーダーシップが有効であることを指摘した。

　本章では，これまでの考察を踏まえ，ハイブリッド型のリーダーシップとはいかなるものかを探求し，もって基本的な分析枠組みの提示を行う。

2　分析枠組み構築にあたっての重要な視点

　権限によらないリーダーシップをベースとした分析モデルの構築にあたって，2 つの重要な視点がある。1 つは，社会のダイナミックな環境変化に適応するためには，リーダーシップもまたダイナミックに変化する必要があるという視点である。2 つは，フォロワーと共通目標を共有し，フォロワーの自らの意思による積極的な行動を引き出すには，組織や集団のあり方として，集権・依存型から自律・分散・協調型のシステムに転換する必要があるという視点である。

2.1　社会の環境変化への適応

　まず，第 1 点目の社会の環境変化に適応し，組織や集団が長期的な時間軸の中で成長・発展を遂げるには，どのようなリーダーシップをとるべきかについてである。この検討には，まずは社会の環境変化と組織や集団のあり方ついて考察する必要がある。この分野ではさまざまなアプローチによって多数の研究蓄積がある。本書では組織や集団の成長・発展モデルである，ライフサイクル論に焦点をあてて確認を行う。

　市井（1971）は，「洋の東西を問わず人間の歴史には，＜すぐれた伝統形成→形骸化→革新的再興＞という共通したダイナミックスが，長期的に観察することができる」と述べている。組織や集団もまた同様な現象が見られる。そして，その現象を分析する際に参考となるのが，組織や集団のライフサイクル論である。組織のライフサイクル論については，Greiner（1972）の組織の成長・発展モデルを取り上げ，また，集団のライフサイクル論としては，Tuckman & Jensen（1977）や山口（2008）のモデルについて考察する。

2.1.1　組織のライフサイクル論

　この領域に関しては，Greiner（1972），Quinn & Cameron（1983），Daft（2001）などにより多くの研究蓄積がある。ここではこれら研究の先駆けと

なったGreinerの「組織の成長・発展モデル」を取り上げる。Greiner（1972）は，組織設立の経過年数（Age）と，規模（Size）が組織成長の規定要因とし，5段階に区分したライフサイクルモデルを提示している。そのポイントは，成長の段階を登るには各段階に応じた「危機」が訪れ，これを克服することが次の段階への条件となるというものである。第1段階の起業家段階（Creativity Stage）は創業者のパワーで組織が運営される段階であり，第2段階への移行には「リーダーシップの危機（Crisis of Leadership）」に直面する。組織の成長とともに効率的な経営に関する知識が要求され，メンバーが増えることでインフォーマルなスタイルに限界が生じる。第2段階の「集権化段階（Direction Stage）」は分業と専門化が進んでいく段階であり，組織の規則や方向性も公式化する。次の第3段階に移行する際に，「自律性の危機（Crisis of Autonomy）」に直面する。組織が大きくなり，多様性と複雑性が増加することにより，統制システムに不具合が生じてメンバーにとっては集権・依存的な官僚制的組織構造が重荷となっていく。第3段階の「分権化段階（Delegation Stage）」では，権限委譲を受けたマネジャーは市場開拓や新製品開発などの責任を負う。次の第4段階に移行する際には，「管理の危機（Crisis of Control）」に直面する。余りにも多様性が進むとマネジャーが管理しきれない状態に陥る。第4段階の「公式化段階（Coordination Stage）」では，拡大した組織を調整するための形式的なシステムが導入される。次の第5段階に移行する際には，「形式主義の危機（Crisis of Red Tape）」に直面する。問題解決のための手続きが優先され本来着手すべき改革が後回しになる。第5段階の「協働化段階（Collaboration Stage）」では，チーム制やマトリックス制の組織形態へと変化し，高い効果を達成する自律的な活動が確認される。そして，新たな危機の到来といった段階に入るのである（図表3‐1）。

　このGreinerのライフサイクル理論で参考となる点は，組織の成長・発展は直線上を進むのではなく，次のステージに移るには必ず重大な危機が訪れ，これを乗り越えることで持続可能なものとなるという点である。それぞれのステージでのリーダーシップのあり方とともに，次のステージに移行するための

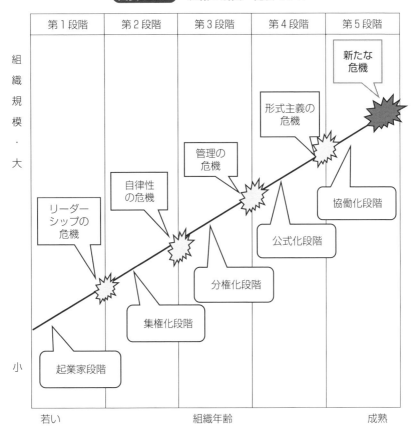

図表3-1 組織の成長・発展モデル

（出典）Greiner（1972）をもとに筆者作成。

リーダーシップあり方の重要性を示唆している。なお，Quinn & Cameron（1983）は，「起業家段階→共同化段階→公式化／管理段階→精緻化／適合段階」，Daft（2001）は，「起業者段階→共同体段階→公式化段階→精巧化段階→整理統合／成熟継続／衰退」としており，Greinerモデルと大きな流れに差異はない。Gao & Alas（2010）は，ライフサイクルモデル研究に関して，それぞれのモデルにおいて重要と思われる要素を整理しているが，ほとんどのモデルにおい

て年齢（Age）を重要な要素としていることを指摘している。組織年齢，すなわち時間軸を考慮し，段階を踏むという視点から組織の成長・発展を考えることは重要なポイントなのである。

2.1.2　集団のライフサイクル論

　組織にはそれぞれの役割を担う集団が複数存在する。その集団は時を経ることにより規則性のある変化が確認される。Tuckman & Jensen（1977）は，集団が形成され集団活動が活発に行われるまでのプロセスを，形成期（Forming），混乱期（Storming），統一期（Norming），機能期（Performing），散会期（Adjourning）に分類し，発達段階を整理している（図表3 - 2）。形成期はチーム・ビルディングが最初に起こり信頼が構築されるステージであり，混乱期は集団が軌道に乗り始め異なる意見が生まれ始めるステージである。次に，統一期は集団のメンバーが親密な関係と独自性の両方に取り組みだすステージであり，機能期はこれまでのステージを通じて得た基盤に基づき，物事を成し遂げる成熟したステージとなる。そして，散会期は，最終局面と終結のステージである。このモデルは，「人々が何らかの課題（仕事）を遂行するために集まり，彼らの間で対立や葛藤を経て，集団として一つにまとまり，集団の目標や課業

図表3 - 2　集団発達のモデル(1)

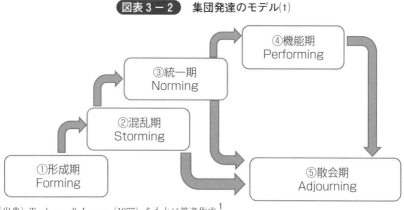

（出典）Tuckman & Jensen（1977）をもとに筆者作成[1]。

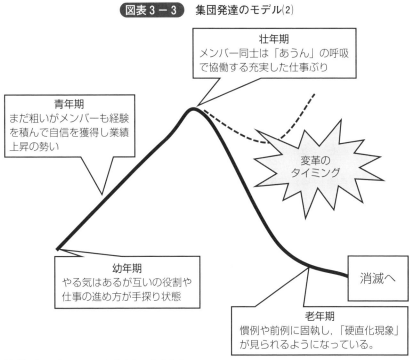

図表 3 － 3　集団発達のモデル(2)

壮年期
メンバー同士は「あうん」の呼吸
で協働する充実した仕事ぶり

青年期
まだ粗いがメンバーも経験
を積んで自信を獲得し業績
上昇の勢い

変革の
タイミング

幼年期
やる気はあるが互いの役割や
仕事の進め方が手探り状態

消滅へ

老年期
慣例や前例に固執し,「硬直化現象」
が見られるようになっている。

（出典）山口（2008, p.78）をもとに筆者作成。

を達成していく集団発展の段階」（李・狩俣，2017）を示すものである。

　また，山口（2008）は，集団のライフサイクルモデルを示し，集団は幼年期から青年期，壮年期，老年期というステージを経ていくことや，壮年期において安定した状態に安住すると硬直化現象が起き，衰退の道をたどることになるため，変革のタイミングを逃がさず再活性化を図ることが重要であると指摘している（図表 3 － 3）。2 つの理論については，ステージの表現は異なるものの，集団の生成から解散までを時間軸の導入により整理したものと言える。

2.1.3　組織・集団のライフサイクル論の示唆するもの

　Greinerは，組織の成長・発展モデルにおいて，リーダーは危機を事前に察

知し，フォロワーとともに組織の総力を挙げて危機を乗り越えていくことの重要性や，危機が組織を進化させるある種のトリガーになることを示している。つまり，組織の危機的状況をリーダーとフォロワーが共有し，それを克服すれば次のステージへの移行が可能ということをGreinerモデルは示している。このことはQuinn & CameronモデルやDaftモデルにおいても同様である。また，集団の成長・安定に関して，Tuckman & Jensenモデルや山口モデルは，それぞれ散会期や老年期に至る前に，集団の再生・活性化のための適切な対策を講じていくことの重要性を示唆している。以上の発達モデルに関して，「革新的再興期→成長・安定期→衰退・停滞期/消滅期」の３つのステージとの対応関係を整理すると図表３－４及び３－５のとおりとなる。

　これらの組織や集団の発達モデルは３点に集約できる。１つは，人により構

図表３－４　組織の発達モデル

	革新的再興期	成長・安定期				衰退・停滞期/消滅期
Greiner (1972)	起業家段階	集権化段階	分権化段階	公式化段階	協働化段階	新たな危機？
Quinn & Cameron (1983)	起業家段階	共同化段階	公式化管理段階	精緻化・適合段階		？
Daft (2001)	起業家段階	共同体段階	公式化段階	精緻化段階		成熟継続/整理統合/衰退

（出典）筆者作成。

図表３－５　集団の発達モデル[2]

	革新的再興期		成長・安定期		衰退・停滞期/消滅期	
Tuckman & Jensen (1977)	形成期	混乱期	統一期	機能期	散会期	消滅
山口 (2008)	幼年期	青年期		壮年期	老年期	消滅

（出典）筆者作成。

成される組織・集団にはその成長・発展のプロセスにおいて一定の段階があること，2つは，その段階は意識的に再生・活性化の努力をしなければ次のステップに移行できないこと，3つは，発達段階における自ら置かれた状況を踏まえて，再生・活性化の努力をすれば組織，あるいは集団は消滅することなく持続可能な存在となりうること，である。ところで，これまで考察してきた組織・集団の発達モデルは組織・集団の新たな生成を念頭においているが，既存の組織・集団の再生・活性化においてもそのモデルの応用は可能である。なぜなら衰退・停滞期にある組織・集団の再生・活性化には，新たな組織・集団の生成と同じように，ゼロベースからの取組が必要となるからである。そして重要なことは，組織・集団の「衰退・停滞→革新的再興→成長・安定→"次の"革新的再興→"次の"成長・安定→・・・」といったある種の好循環システムの実現である。衰退・停滞する組織・集団を革新的再興期に導き，安定・成長期に移行させることで好循環を実現するには，それぞれの段階に応じて効果的なリーダーシップを適切に選択することが必要である。つまり，革新的再興期と安定・成長期では求められるリーダーシップが異なることから，権限によらないリーダーシップを軸とした分析モデルの構築には，組織・集団の成長・発展段階に応じて，リーダーシップも変化させる必要があるのである。

2.2　自律・分散的で協調的な活動

　権限によらないリーダーシップを軸とした分析モデルの構築には，フォロワーの自らの意思による積極的な行動を引き出す組織・集団とリーダーシップのあり方について考察する必要がある。結論から言えば，フォロワーの自らの意思による積極的な行動は，集権・依存型システムではなく自律・分散・協調型システムにより引き出すことが可能となる。つまり，リーダーがフォロワーに指示をして行動に移す集権・依存型から，リーダーとフォロワーが共通目標を設定し，個々にはフォロワーが自ら考え自律・分散的に行動しながらも，全体としては協調的な活動を促す組織・集団のあり方であり，リーダーシップ・スタイルである。そもそも，「自律・分散・協調」という概念は，インター

図表3－6　集権・依存モデルと自律・分散・協調モデル

＜集権・依存（クライアント・サーバ）＞　　　＜自律・分散・協調（P2P）＞

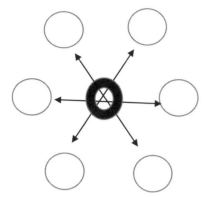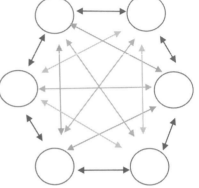

（出典）金子（2005, pp.14-15）をもとに筆者作成。

ネットのコンセプトである，「Peer-to-Peer（以下「P2P」。）」と一致する。金子（2005）は，「P2Pとは，対称的な役割をはたすコンピュータの集まりでサービスを実現するようなネットワーク通信形態」であるとし，集権・依存のクライアント／サーバ型とは対極にあるモデルとしている（図表3－6）。金子はコンピュータ・システムの設計思想としてのP2Pを論じているが，この考え方は，組織・集団やリーダーシップのあり方にも適応できる概念である。第2章において，「シェアド・リーダーシップにおける影響力のタイプ」として示した「図表2－5」と，この「図表3－6」の自律・分散・協調型（P2P）とはその構造において一致する[3]。以上から，権限によらずフォロワーの自らの意思に基づく行動を引き出すのは，自律・分散・協調的な活動を促す組織・集団と，それを実現するシェアド・リーダーシップなどの互恵的なリーダーシップということになる。

3　分析モデルの提示

　これまでの考察を踏まえ，分析枠組みとしての「リーダーシップ好循環モデル」を提示する。このモデルは次の3つの前提の上に立っている。第1に，社会の環境変化に適応して，リーダーシップもまたダイナミックに変化させていくことで組織や集団の活動に好循環が生まれる。第2に，権限によらないリーダーシップは，フォロワーとの共通の目標設定のもと，フォロワーの自らの意思による積極的な行動を引き出す互恵的なリーダーシップがこれに相当する。第3に，組織や集団の再生・活性化には，その構成員の自律，分散，協調的な活動を促進することが重要である。これらの前提条件のもとに，次の3つの仮説により構成されるのが「リーダーシップ好循環モデル」である。

（仮説その1）
　衰退・停滞期の状況にある組織や集団を革新的再興期に導くには，シェアド・リーダーシップ（SL）と変革型リーダーシップ（TFL）のハイブリッド型リーダーシップ（Ⅰ）が有効である。

（仮説その2）
　革新的再興期から成長・安定期に移行した後は，シェアド・リーダーシップ（SL）とサーバント・リーダーシップ（SVL）のハイブリッド型リーダーシップ（Ⅱ）が効果的である。

（仮説その3）
　成長・安定期に，何らかの硬直化現象の兆候が見られたら，速やかにシェアド・リーダーシップ（SL）と変革型リーダーシップ（TFL）とのハイブリッド型リーダーシップ（Ⅲ）に切り替え，"次の"革新的再興期を目指すことで好循環を持続させることが必要である。

　以上のように，組織や集団の成長・発展には，「停滞・衰退期→革新的再興期→成長・安定期→“次の”革新的再興期」という好循環が重要であり，これを実現するリーダーシップがリーダーシップ好循環モデルである（図表3－7）。
　Covey（1989）は，再新再生とは，「成長と変化を繰り返しながら，螺旋階段を登るようにして自分自身を継続的に高めていく原則」とした。成長は直線的な道筋で上昇することは少ない。組織や集団の成長・発展も同様であり，一歩前進しても二歩後退することは通常である。そして，後退するときにこそ学びがあることも事実である。このことを整理した基本的な分析モデルの参考図

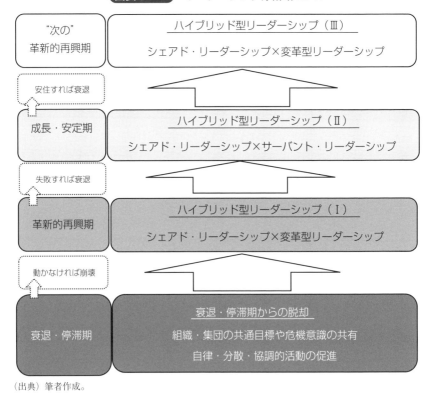

図表3－7　リーダーシップ好循環モデル

（出典）筆者作成。

は次のとおりである（図表3－8）

図表3－8　リーダーシップ好循環モデル参考図

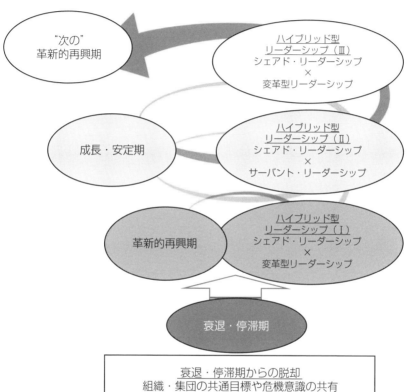

（出典）筆者作成。

4　リーダーシップ好循環モデルの特徴

　リーダーシップ好循環モデルの特徴を確認する。

　第 1 に，このリーダーシップ好循環モデルは，社会の環境変化に応じてダイナミックにリーダーシップを変化させ，より良い方向に循環する輪（Loop）の実現を基本に据えたリーダーシップモデルである。このリーダーシップ好循環モデルは，革新的再興期を経て成長・安定期に移行すると同時に，衰退・停滞期に向かう圧力が高まるということを前提に，"次の"革新的再興期に移行するという循環型モデルの構築にある。つまり，諸活動での試行錯誤を通じて学び，蓄積した知見やノウハウを継承しながら，機動的にリーダーシップ・スタイルを切り替え，持続可能な組織や集団を実現するための好循環モデルの構築を目指すところに特徴がある。この点に関し，社会心理学の分析手法を用いた集団のチームワークの発達に関する研究において，山口（2008）は，「成長から成熟そして変革を繰り返すことで，発展上昇ループを描くことがチームや組織とって理想の発達モデル」と述べるとともに，チームワークの「良い部分は継承しながら，硬直化して時代や環境の変化に適応できなくなっている部分はしっかりと見極めて柔軟に修正していくことが，チームワークをより高いレベルへと発達させるためには大切」と指摘している。こうした考え方は，組織や集団のリーダーシップのあり方においても参考になるものである。

　第 2 に，リーダーシップ好循環モデルと状況／コンティンジェンシー・アプローチとの相違点である。状況／コンティンジェンシー・アプローチは，ある状況において，最も相応しいリーダーシップ・スタイルを特定するというところにその特徴がある。つまり，ある時点の状況を切り取って，その状況に最適なリーダーシップ・スタイルを考えるものである。Chemers（1997）が，「条件即応諸理論は，一般に時間的要因の考察を欠いている」としているように，この理論は，基本的には時間的な要素は考慮にいれていない。この中にあって，Hersey & Blanchard（1977）の状況対応型リーダーシップ理論には，フォロ

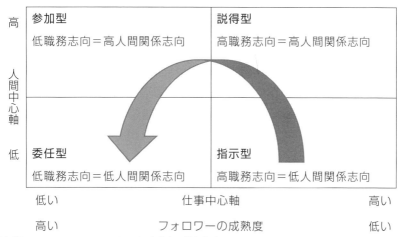

図表 3 － 9 状況対応型リーダーシップ理論

（出典）Hersey & Blanchard（1977）をもとに筆者作成。

ワーの成熟度という概念を導入することで，時間軸として部下の成熟度を考慮している。このモデルは，部下の献身度，動機づけなどの度合いを査定する「心理的成熟度」と，部下の知識，経験など課題要件の理解度を測る「職務成熟度」という 2 軸で部下の成熟度を図るものである。そして，リーダーシップ・スタイルを「指示型（高職務志向＝低人間関係志向）」「説得型（高職務志向＝高人間関係志向）」「参加型（低職務志向＝高人間関係志向）」「委任型（低職務志向＝低人間関係志向）」の 4 通りに分け，フォロワーの成熟度に応じ，成熟度が高まっていくに従って，「指示型→説得型→参加型→委任型」へとリーダーシップ・スタイルを変化させていく内容になっている（図表 3 － 9 ）。

また，Robbins *et al*（2013）は，状況対応型リーダーシップ理論は，「リーダーとフォロワーとの関係を親子関係のようにみなしていると考えればよい。子どもが成長して責任を持てるようになれば，親は子どもに対して干渉をやめるべきなのと同様に，リーダーもフォロワーへの指示を抑えなければならない」と述べている。このことからも，状況対応型リーダーシップ理論ではフォ

ロワーはあくまで受動的な存在であることが見て取れる。

　これに対して，リーダーシップ好循環モデルは，リーダーとフォロワーとが水平的な関係の中で，フォロワーの自律，分散，協調的な活動を促すことで共通目標の実現を目指す，権限によらないリーダーシップであり，フォロワーは能動的な存在である。そして，ある組織や集団の「衰退・停滞期→革新的再興期→成長・安定期→"次の"革新的再興期」という長い時間軸の中で，リーダーとフォロワーとの共通目標の実現のためには，どのようにリーダーシップ・スタイルを変化させていくことが最も効果的であるのかを探求するものである。Hersey & Blanchard（1977）の状況適応リーダーシップ理論では，フォロワーの成熟度を重要な要素として考えたが，リーダーシップ好循環モデルでは，組織や集団の総体としての発展・成長を重要な要素としてとらえている。また，リーダーシップ好循環モデルは，組織の成長・発展プロセスのいずれかの時点に焦点化した分析ではなく，成長・発展に関わる全体プロセスの中で好循環をもたらす効果的なリーダーシップを探求するものである。

5　まとめ

　本章では，互恵的なリーダーシップの組み合わせによる基本的な分析枠組みとしての，リーダーシップ好循環モデルを提示した。この分析モデルは，「変化すること」「権限によらないこと」を基本軸に据えたリーダーシップモデルである。つまり，シェアド・リーダーシップを基本として，組織や集団の置かれたフェーズに応じて，変革型リーダーシップやサーバント・リーダーシップを適切に組み合わせることで有効性を高める，ダイナミックでかつハイブリッド型のリーダーシップモデルである。

　なお，本章で検討したリーダーシップ好循環モデルは，一般的な組織や集団を対象にした基本的な分析モデルである。第Ⅱ部では，この分析モデルを活用して地域コミュニティを対象に実証分析を行う。地域コミュニティは，専ら地域住民で構成され，ゆるやかに結びついた集団であり，企業や団体における組

織や集団とは異なる特徴を持つ。そこで，まず，次章において，地域コミュニティの持つ固有の問題を明らかにし，その特性を踏まえたリーダーシップ好循環モデルの応用モデルを提示する。併せて，実証分析を行うにあたって，事例研究法の採択の妥当性や，具体的な事例採択の合理性などについて確認をする。

◉注
1　池田（2017a）及び三沢（2019）を参考としている。
2　Tuckmanモデルでは，混乱期などそれぞれの期において適切な対応を誤れば段階を経ることなく散会期・消滅の可能性がある。また，山口モデルでは壮年期になると硬直化現象が生じて，このステージで再活性化を図らないと，老年期においてはリカバリーは難しいと指摘している。
3　西井（2013）の協働的ネットワーク（Collaborative Network）と共通項をもった概念である。

第 II 部

実証分析編
～地域コミュニティの再創造活動を事例に～

第 4 章

地域コミュニティ特性のモデルへの反映と研究方法論

1　はじめに

　リーダーシップ好循環モデルの実証分析対象として地域コミュニティを取り上げる。これは地域コミュニティの再生・活性化の鍵を握る地域リーダーが，会社組織の社長のような権限を持たないことから，モデルの検証に最も相応しいと考えたからである。本章では，地域コミュニティの持つ固有の問題や分析にあたっての重要な要素を加味した，リーダーシップ好循環モデルの「応用モデル」の考察を行う。併せて，事例研究法の採択の妥当性などの検討を行う。

2　地域コミュニティ分析における重要な概念

　地域コミュニティとは何か，また，地域コミュニティの再生・活性化にとって重要な要素となる「新しい内発的発展」「地域愛着」「地域プラットフォーム」「学習・伝承システム」とは何かについて考察し，応用モデルの構築に繋げる。なお，基本モデルと応用モデルとの関係は次のとおりである（図表4－1）。

図表 4 - 1　リーダーシップ好循環モデルの基本モデルと応用モデル

（第3章で提示）　　　　　　　　　　　　　　　　　　　　　（本章で提示）

| （基本モデル）
リーダーシップ
好循環モデル | ＋ | （重要な要素）
・新しい内発的発展
・地域愛着
・地域プラットフォーム
・学習・伝承システム | ＝ | （応用モデル）
リーダーシップ
好循環モデル |

（出典）筆者作成。

2.1　地域コミュニティ

　MacIver（1917）は，コミュニティ（Community）を，町や村，地方などの住民の共同生活に基づく単位とし，メンバーの共同の諸関心の追求のために明確に設立された組織体であるアソシエーション（Association）と区別した。本来，目的追求のための存在ではないコミュニティも，過疎化をはじめとするさまざまな地域課題に直面して，コミュニティの住民は協力してその解決に取り組むこととなる（山内・平本・杉万，2017）。こうした地域課題解決の役割を担うようになったコミュニティを対象に，国及び自治体がコミュニティ政策を展開するようになった。その大きな節目になったのが，1969年の経済企画庁の国民生活審議会調査部会コミュニティ問題小委員会報告「コミュニティ：生活の場における人間性の回復」である。この報告書において，コミュニティを「生活の場において，市民としての自主性と責任を自覚した個人及び家庭を構成主体として，地域性と各種の生活目標を持った，開放的でしかも構成員相互に信頼感のある集団」と定義している。

　その後，行政サービスの多様化と自治体財政の逼迫なども重なり，コミュニティ組織が官民連携（Public-Private-Partnership）の主体として位置づけられるようになってきた。総務省コミュニティ研究会（2007）で論議された際に未定稿との断りのもとではあるが「地域コミュニティの現状と課題」と題する資料が提出された。その資料の中で，「（生活地域，特定の目標，特定の趣味など）何らかの共通の属性及び仲間意識を持ち，相互にコミュニケーションを

行っているような集団（人々や団体）」をコミュニティとし，「共通の生活地域
（通学地域，勤務地域を含む）の集団によるコミュニティ」を特に地域コミュ
ニティと呼んでいる（図表4－2）。ここで注目されることは，コミュニティ
の概念が，MacIver（1917）のいう，人々の共同生活としての単位から広がり，
特定の関心追求のための組織・集団である，機能性をもつアソシエーションの
領域も含んだ概念になっていることである。さらに言えば，コミュニティは，
複数の自治体をまたがることもあれば，フェイス・トゥ・フェイスのリアルな
活動を基本としながら，SNSなどにより空間を超えたバーチャルな活動も含ま
れてきており，時代とともに地域コミュニティの概念も拡張，多様化してきて
いる。実証分析で扱う事例は，それぞれの地域で暮らす人々による主体的な再
生・活性化の活動である。それは，旧来型の町内会活動とは異なり，明確な目

図表4－2　コミュニティの分類

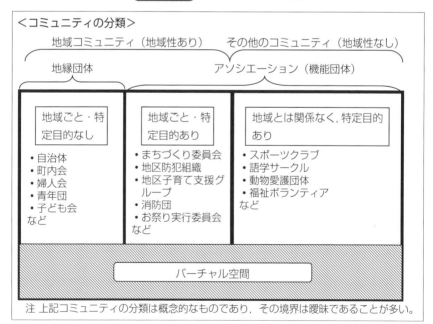

（出典）総務省コミュニティ研究会（2007年2月7日開催）の参考資料「地域コミュニティの現状と課題（未定稿）」から転載。

的をもった機能的団体の活動としての性格を併せ持っているのである。

2.2　新しい内発的発展

　地域コミュニティを取り巻く動向を踏まえた上で，本書においては，分析対象を，過疎地域を含む条件不利地域，特に，農山漁村の地域コミュニティとしている。これは，地縁的な繋がりも弱くなり，地域経済の縮小や人口減少・高齢化により疲弊し，持続可能性に赤信号が点滅している地域コミュニティは，農山漁村地域に多く見られるからである。農山漁村を取り巻く厳しい状況を踏まえ，小田切（2018）は，農村をめぐる将来ビジョンの論理を形式的に，①農村たたみ論，②外来型発展論，③一般型内発的発展論，④新しい内発的発展論の 4 つに区分した[1]。その上で，小田切（2018）は，「①の農村たたみ論と④の新しい内発的発展論という 2 つの選択肢が，農村の将来展望としてあり，常に競い合っている。その点で，農村たたみ論への対抗戦略として，新しい内発的発展論のあり方の完成が求められている」と指摘している。そして，小田切・橋口（2018）は，この新しい内発的発展論を，交流を内発性のエネルギーとする新しい内発的発展論（交流型内発的発展論）とし，「『交流』とは，都市－農村交流という狭い意味ではなく，内外の様々な主体（人，組織）との接触，相互交渉を指している」とも述べている。

　国は，こうした新しい内発的発展論に注目し，これをベースとした国土形成の議論を行い報告書としてまとめた。それが，国土交通省の国土審議会計画推進部会・住み続けられる国土専門員会（2019）の「2019年とりまとめ：新たなコミュニティの創造を通じた新しい内発的発展が支える地域づくり」（以下「地域づくり報告書」。）である。この地域づくり報告書は，2015年に策定された「第二次国土形成計画」に基づき，地域自らの魅力を磨き上げ，地方創生を実現し，住み続けることのできる国土形成のための施策の方向性を取りまとめたものであり，その検討の中核に地域コミュニティのあり方が置かれている。この地域づくり報告書では，新たなコミュニティの創造を通じた新しい内発的発展が支える地域づくりの重要性を指摘している。まず，活動人口が増加する

ことに繋がる「新たなコミュニティ」の創造が必要であるとし，そのために必要な要素を，①人々のつながりをサポートする「人」，②人々が気軽に集まれる「場」，③人々を継続的につなげる「仕組み」の３点をあげている。①の「人」づくりについては，キーマンだけでなく，コミュニティ内外やコミュニティ内の人々のつながりを強化する「つながりサポート人材」や，地域住民がとりまとめた将来ビジョンの実現に重要な役割を担う「コミュニティデザイナー」の必要性を提言している。②の「場」づくりについては，誰でも自由に使えて，つながりを創るための空間の必要性について指摘している。③の「仕組み」づくりについては，人を集め，人同士をつなぎ，自主的な参加意識を高めるシステムが必要であることを指摘している。次に，地域づくり報告書では，新しい内発的発展としては，交流型の内発的発展を支持し，外部アクターとの連携を強調しながら地域が先導的に活動する「地域先導型」と，地域との連携を図りつつも外部アクターが先導的に活動する「外部アクター先導型」に分けるとともに，両者の中間的なアプローチも多数存在することを指摘している。

　この地域づくり報告書における新しい地域コミュニティの創造を通じた新しい内発的発展という基本的な方向性については，本書が目指す方向性と一致しているが，各論においては更なる検討を必要とする点もある。その１つが地域リーダーに関することである。存続か消滅かの分水嶺に立つ過疎地域の地域コミュニティの現状を鑑みたとき，強い地域愛着と覚悟を持った地域リーダーが，地域コミュニティの発展段階に応じて，効果的なリーダーシップを発揮することが求められる。地域づくり報告書が必要だとする「つながりサポート人材」や「コミュニティデザイナー」といった人材が，地域リーダーとどのような関係性を築いていくべきなのか不明である。また，「場」づくりについても，人が出会い交流するだけの場では地域コミュニティの再生・活性化の活動には結びつかない。つまり，交流を協働に発展させ，新しい価値の創造，特に経済的価値の創造活動を支援するような「場」である必要があり，この点についての検討が求められる。さらに，「仕組み」については，試行錯誤により得た知見やノウハウを蓄積し，次代に継承・活用されるような仕組みが重要であるが，

こうした点についての検討が必要である。しかしながら，この地域づくり報告書において，「段階的な地域づくり」という時間軸を設定した動態的な地域コミュニティのあり方という視点を盛り込んでいることは評価できる。すなわち同報告書は，「課題解決のための取組や内発的発展に向けた取組は，いずれも大変時間を要するものである」とし，「時間を費やせば費やすほど，問題解決の広がりと深さが前進していくものと捉えると，コストを投資に読みかえることができる。このような考えを地域が共有し，推進するためには，段階的にプロセスデザインを描くことが重要である」と述べ，「立ち上げ前→立ち上げ段階→実施段階→継続段階」という，4段階のプロセスデザインを示し，「4つの段階を一歩一歩進んでいくことで，あたかも人が多様な経験を積んで成長していくように地域や地域活動が発展していく大きな流れ」の重要性を指摘している。このことに関連して，牧野（2014）は，「新たなコミュニティモデルは，従来のようなある種の静的なコミュニティのあり方，つまり既存の人的・物的または価値的な資源を分配し，配置するシステムとしてのコミュニティから，従来の経済の仕組みを解体・再構築し，文化を発掘して再価値化し，さらには旧来の人間関係を組み換えて新たな価値にもとづく関係へと再生しつつ，地域のあり方を，関係性というレベルで組み換えて，再生していくコミュニティへと移行している」と述べているが，地域コミュニティを「動態的なもの」として捉え，あるべき姿を追求していくことが今求められているのである。

　以上のことから，地域コミュニティの再生・活性化とは，「地域住民が主体となり，地域外の人々とも交流しながら，地域性，共同性という地域コミュニティ本来の特徴を生かしつつ，機能性を重視した新しいコミュニティに再構築すること」と定義し，以降は「地域コミュニティの再創造」と表現する。新しいコミュニティをいかに創っていくか，そのための有効なリーダーシップとは何かが，事例分析の重要なポイントとなる。ここで，従来型の地域コミュニティと新しい地域コミュニティを比較すると次のとおりとなる（図表4－3）。

図表 4－3　従来型の地域コミュニティと新しい地域コミュニティ

＜従来型の地域コミュニティ＞	＜新しい地域コミュニティ＞
静態的地域コミュニティの特徴 ①地縁 ・ 血縁組織 ②行政の補完／行政に依存 ③内部アクターに限定 ④男性中心	動態的地域コミュニティの特徴 ①地域性・共同性と機能性を併せ持つ組織 ②行政と協働 ③外部アクターと交流・連携 ④多様な構成員

（出典）筆者作成。

2.3　地域愛着

　現在の地域コミュニティを見たとき，かつての部落会や町内会など男性中心の地縁・血縁をベースとした行政補完・依存型の地域組織は，人口減少や高齢化をはじめとする環境変化によりパワーが相対的に低下し，行政との関係性も変容してきている。こうした中，地域性，共同性を大切にしながら，機能性も併せ持った地域コミュニティが存在感を強めている。これら地域コミュニティは，地域リーダーたちが，地域コミュニティの構成員はもとより，外部のアクターとも積極的に交流・連携することで，地域コミュニティの再創造活動を展開している。そして，その再創造活動の起点となるのは地域リーダーたちの強い地域愛着である。

　地域愛着に関する研究は，環境心理学で提唱され，社会心理学，地理学，建築学などさまざまな分野で行われてきている。Hummon (1992) は，地域愛着を「場所への感情的な関与」とし，Low & Altman (1992) は，「特定の環境もしくは境遇に対する個人の認知的あるいは感情的なつながり」と定義した。そして，Hidalgo & Hernández (2001) の，「人々と特定の地域を繋ぐ感情的な絆」との定義は多くの研究で支持されている。地域愛着についての研究は，コミュニティ意識の研究の中で，多く扱われてきている。また，この地域愛着に関する研究は，地域愛着の規定因を探求するものと[2]，醸成された地域愛着がもたらす成果を探求するもの[3]に大別され，それぞれ定量的分析手法による研究も多く見られる。本書では，先行研究を踏まえ，地域愛着は人々が居住地

域に対して抱く感情的なつながりであると考え，そうした考えを端的に表している Hidalgo ＆ Hernández（2001）の定義にならい，地域愛着を「人々と特定の地域をつなぐ感情的な絆」とする。

　人々と地域とをつなぐ感情的な絆である地域愛着は，地域コミュニティの再創造活動の根幹をなすものである。強い地域愛着を持つ地域リーダーたちが地域コミュニティのあるべき姿と危機意識を共有し，地域の多くの人々の地域愛着を呼びさますことで，再創造活動のエネルギーが生まれる。実証分析で扱う事例は地域住民の持つ危機意識をエネルギーとして結集し，革新的な再興を目指す取組であり，危機意識の度合いは地域に対する愛着の度合いと比例する。したがって，地域コミュニティの再創造活動を分析するにあたって，地域愛着は重要な要素として位置づけられるのである。

2.4　地域プラットフォーム

　持続可能な地域コミュニティを実現するためには，地域愛着という人々の思いを具体的な再創造活動に繋げる仕組み，つまり地域プラットフォームの構築が重要である。この地域プラットフォームをいかに設計し，改善し，維持していくかが地域リーダーの実は最も重要な仕事であり，この出来・不出来が新しい地域コミュニティの再創造の成否を分けるといっても過言ではない。そこで，まず，地域プラットフォームとは何かを明らかにする。

　そもそもプラットフォームは，日常的には「駅などで，乗客が乗り降りする一段高くなった場所」（広辞苑）との意味や，コンピュータ・システムの基盤となる，ソフトウェアやハードウェアを指す用語として使用されてきた。その産業界などで用いられてきたプラットフォームの概念が，最近では地域づくりの議論において，多様な人々がかかわる場や仕組みを表す言葉として使用されるようになってきた。國領（2011）は，「伝統的なつながりが失われながら，高齢社会を支えなければいけない地域などにおいて，物理的，組織的，制度的プラットフォームを構築することで，存在する力を再結集して自律自助ができる地域社会を構築しようという考え方が一般化して，そこにプラットフォーム

という言葉が適用されている」とし，地域社会の文脈の中でのプラットフォームを「多様な主体が協働する際に，協働を促進するコミュニケーションの基盤となる道具や仕組み」とした。また，飯盛（2015）は，「多様な主体の協働を促進するコミュニケーションの基盤となる道具や仕組み，空間」をプラットフォームとし，「空間」という地域での文脈を加味した上で，地域プラットフォームを定義した。本書においてはこれらを参考に，地域プラットフォームを「地域内外の主体の協働を促進し，地域コミュニティの再創造に資するコミュニケーションや活動の基盤となる道具や仕組み，空間」と定義する。

　次に，地域プラットフォームの設計ポイントである。第1に，地域コミュニティの各主体が自律的，分散的に活動しながら，全体的には協調的な活動となるよう設計を行うことである。つまり，地域内外の多様な人々を受けとめ，人々の自律的・分散的な活動が全体を俯瞰したときには協調的な活動になるように設計を行わなければならない。そのためには，地域プラットフォームへの参加のルールの設定が大切となる。このとき参加ルールを厳しく設定すると地域外のアクターとの交流が制限され，逆に弱すぎると人々の間の結束・信頼関係が弱体化することに注意が必要である。第2に，地域コミュニティのダイナミックスに応じて，地域プラットフォームもまた変化しなければならない。もし変化ができなければ地域プラットフォーム自身が，新たな再創造活動の抑止装置となりうるからである。そして，変化するには再創造活動のプロセスで学習した知見やノウハウを「見えざる資産」として蓄積し，次代に繋げていく仕組みを地域プラットフォームに組み込む必要がある。第3に，ICT基盤の活用により，空間を超えた地域内外の人々の持つパワーを最大限に活用できるように設計を行うことである。なぜなら，過疎地域の停滞・衰退の大きな要因の1つが，さまざまな資源を持つ都市部との物理的な距離の壁にあるからである。この点については後述の事例分析でも取り上げるが，距離による時間コストの壁を打ち破ったのがテレワークである。地域プラットフォームは，フェイス・トゥ・フェイスのリアル空間での交流とともに，SNSなどによるデジタル空間での交流も活性化させることで，新たな人材を地域コミュニティに取り込むよ

うな設計が重要である。

2.5　学習・伝承システム

　地域コミュニティの再創造活動の中には，1人のリーダーにより始まり，その人物が去ることで活動が停滞していく事例は事欠かない。それは，再創造活動のプロセスを通じて獲得した知見やノウハウを蓄積し，次代に継承するシステムが存在しないことにある。再創造活動は失敗から学び，改善し，小さな成功を積み重ねていくことで目標に近づく。それ故に，試行錯誤を通じて学習した知見やノウハウは最も重要な資産といっても過言ではなく，「学習・伝承システム」は地域コミュニティの持続可能性を高めるための重要な要素である。

　この学習・伝承システムに関連する先行研究として，「学習する組織」論と実践共同体論がある。まず，「学習する組織」論について，Senge（1990，改訂版，2006）は，学習する組織を「人々が絶えず，心から望んでいる結果を生み出す能力を拡大させる組織であり，新しい発展的な思考パターンが生まれる組織，共に抱く志が解放される組織，共に学習する方法を人々が継続的に学んでいる組織」としている。学習する組織に関して，Garvin（1993）は，知識を創造・習得，移転するスキルを有し，既存の行動様式を新しい知識や洞察を反映しながら変革できる組織とし，Watkins & Marsick（1993）は，学習を取り込み共有するシステムを組み込んでいる組織との認識を示している。

　次に，実践共同体論について，Wenger, McDermott & Snyder（2002）は，「あるテーマに関する関心や問題，熱意などを共有し，その分野の知識や技能を，持続的な相互交流を通じて深めていく人々の集団」としている。また，実践共同体について，松本（2019）は，「その成員の学習を促進するため，あるいは知識を共有・創造するため，あるいは組織の境界を越えて人々と相互作用するために，企業内外で一定のテーマのもとに構築される共同体」であり，「学習のためのコミュニティ」としている。松本（2019）は，実践共同体の持つ特性をもとに，実践共同体がその機能を発揮し成果を上げるには，コーディネーターのリーダーシップが重要であることとともに，実践共同体成員の分散

図表4－4　「学習する組織」論と実践共同体研究の共通点・相違点

		「学習する組織」論	実践共同体研究
共通点		学習における「意識の変革」の重視 学習主体としての個人の重視 個人・チーム・組織というレベルごとの学習と相互作用 学習環境を整える役割の重視	
相違点	学習する場所	組織内	実践共同体と公式組織
	いつ学習するか	業務内でOJTとOff-JTの枠組み内で	業務外（その結果を基に業務内でも）
	メンバーの学習姿勢	義務	自律的
	境界	組織内・企業内で不変	メンバーの実践によって可変的
	目的	組織変革や意識・行動変革	学習そのもの

（出典）松本（2019, p.99）から転載。

　型のリーダーシップやサーバント・リーダーシップの研究が，成員の実践を深化させる原動力になることも指摘している。「学習する組織」論と実践共同体研究について松本（2019）は図表4－4のとおり整理している。

　「学習する組織」論や実践共同体の研究の背景には，社会環境の急速な変化に対応するには，従来型のトップダウン方式のマネジメントスタイルではなく，メンバーが自律的に変化を先取りして価値を創造していく仕組みが求められているからである。集権・依存型から，自律・分散・協調型のシステム転換と言える。持続可能な地域コミュニティの実現には，実践的な活動から学習し，それを次代に継承していく必要がある。それは，地域コミュニティの構成員が個人の頭の中に知識を詰め込むようなものでなく，地域コミュニティの実践的な再創造活動に参加して，知見やノウハウを習得することにある。Lave & Wenger（1991）は，実践への参加の動的な過程で行われる学習を「状況的学習（Situated Learning）」と呼んだ。地域コミュニティの学習・伝承システムもその範疇に入るものと考えられ，その意味では，実践共同体論の仕組みが活用しうる。このように地域の実情に即した学習・伝承システムを構築し改善していくことが，地域コミュニティの再創造活動の重要な要素となる。

3　リーダーシップ好循環モデルの応用モデル

　地域コミュニティの再創造の実証分析にあたって重要な要素などについて考察してきた。これら要素と新しい地域コミュニティとの関係性は次のとおりとなる。まず，強い地域愛着と危機意識を持つ地域リーダーたちが，地域のあるべき姿を思い描き，交流型の内発的発展を基本コンセプトとした地域プラットフォームを設計して運用する。次に，地域プラットフォームを舞台に地域内外の多様な人々が交流し，自律・分散・協調的に地域コミュニティの再創造活動を行う。そして，活動での試行錯誤を通じて学習した知見やノウハウを「見えざる資産」として蓄積し次代に継承する。さらに，地域プラットフォームも修正・改善を行い，活動が途切れることのないように工夫する。そのことによって，リーダーシップ好循環モデルが目指す，社会の環境変化に適応した新たな地域コミュニティの実現が可能となるのである（図表4－5）。

図表4－5　新しいコミュニティの構築と重要な要素

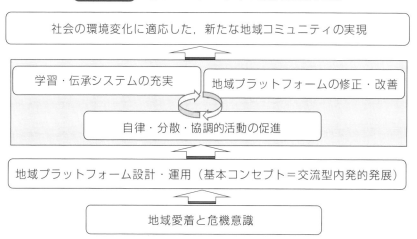

（出典）筆者作成。

　ここで，これまでの考察をもとに，地域コミュニティの固有の課題や分析に
あたっての重要な要素を加味した，リーダーシップ好循環モデルの応用モデル
を提示する（図表4－6）。

　なお，図表4－7は，第3章で示した「図表3－8リーダーシップ好循環モ
デル参考図」の螺旋型成長・発展モデルに時間軸を加え，発展的に整理し直し
たものである。次章からの事例分析については，この参考図も活用する。

図表4－6　**リーダーシップ好循環モデルの応用モデルによる分析**

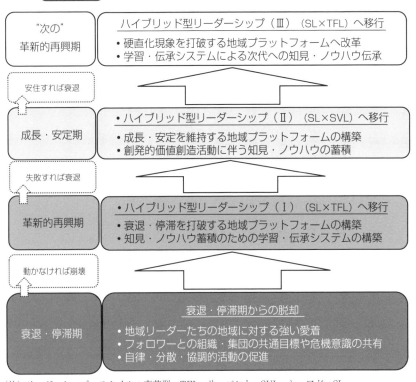

（注）リーダーシップ・スタイル：変革型＝TFL，サーバント＝SVL，シェアド＝SL。
（出典）筆者作成。

図表4－7 リーダーシップ好循環モデルの応用モデル参考図による分析

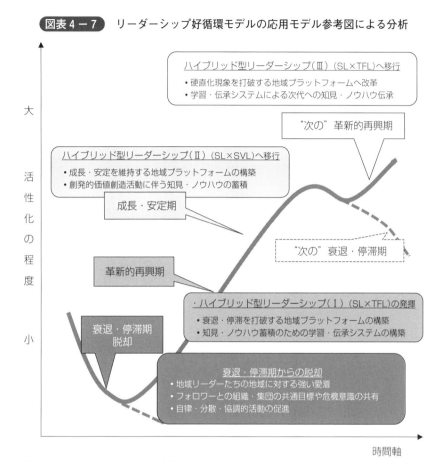

（注）リーダーシップ・スタイル：変革型＝TFL，サーバント＝SVL，シェアド＝SL。
（出典）筆者作成。

4　研究方法論

4.1　事例研究法の採択の妥当性

　本書では，事例として複数の地域コミュニティの再創造活動を取り上げ，事例研究法のもとで分析を行っている。そこで，事例研究法という分析手法を用いたことの妥当性について考察する。Yin（1994）は，「提示されているリサーチ問題のタイプ」「研究者が実際の行動現象を制御できる範囲」「歴史的事象ではなく現在の事象に焦点をあてる程度」という3つの基準によってリサーチ・デザイン[4]を選択すべきと述べている。野村（2017）は，Yin（1994）をもとに，主なリサーチ・デザインの守備範囲を図表4 − 8のとおり整理している。

図表4 − 8　主なリサーチ・デザインの守備範囲

手法	研究の問い	事象の制御可能性
実験	How ？　Why ？	制御できる
サーベイ （横断的・縦断的）[5]	Who ？　What ？　Where ？ How many ？　How much ？	制御できない
事例研究	How ？　Why ？ （＋探索的What ？）	制御できない

（出典）野村（2017, p.46）をもとに筆者作成。

　野村（2017）は，事例研究は，「どのように」「なぜ」という問い及び探索的に「何が」を問う研究に適しているとし，複雑・数奇な事象分析で力を発揮すると述べている。また，野村（2017）は，「どのように」「なぜ」という問いは事例研究だけでなく実験においても可能であるが，実験の研究対象は，社会的・歴史的な文脈から切り離すことができるものであるが，事例研究は社会的・歴史的文脈から切り離せないものも対象とすると述べている。本書の分析対象は地域コミュニティの再創造活動であり，多様な人々が織りなすある種の

「複雑・数奇な事象分析」に相当し，社会的・歴史的文脈とは切り離せないものであり，ここに事例研究法を採択する理由がある。また，本書の主目的の1つは，社会のダイナミックな環境変化に対応して，組織や集団が持続可能な成長・発展を遂げるには，リーダーシップもまたダイナミックに変化する必要があるのではないかということを探求することにある。このように長期的な時間軸の中で変化する事象を考察するということ関しては，サーベイによる縦断的研究手法でも可能である。しかし，野村（2017）は，サーベイ手法の縦断的研究法は，「どのように」「なぜ」といったプロセスを問う研究には適さず，また，時間及びコストがかかることから，政府関連の調査や大規模な研究プロジェクトなどを除けば，社会科学の分野ではそれほど頻繁に行われていないと指摘している。以上から研究方法論として，事例研究法を採択することは適切であると考える。

4.2　事例選択の妥当性

　次に事例研究法における事例選択の問題である。本書では4つの事例を用いた複数事例による実証分析を行うこととしている。1つの研究で複数の事例を取り上げる場合は，単一事例分析を独立した形で複数回行う場合と，複数の事例を比較する場合がある。Yin（1994）は，複数事例において比較する場合には，同じような結果を予測する「事実の追試（Literal replication）」か，予測できる理由はあるが対立する結果を生むかという「理論の追試（Theoretical replication）」という2つの追試の論理に従って，慎重に選択しなければならないと指摘している。ここで，Yin（1994）が強調していることは，事例選択は，あくまでも追試の論理によって行われるべきであり，母集団の特徴を抽出するサンプリングとは異なるということである。

　本書の事例は次の条件を満たすものを採択している。第1に，過疎地域における地域コミュニティであること，第2に，地域特性を生かした住民主体の再創造活動が展開され，その活動が地域内外から注目されていること，第3に，地域リーダーとフォロワーが，互恵的な関係性を保ちながら再創造活動におい

てそれぞれの役割を果たしていること，第4に，社会のダイナミックな環境変化に対応しつつ，再創造活動が長年にわたり継続されていること，第5に，地域リーダー，フォロワー，関係者に対する調査においてインタビューが可能であること，の5点である。第1，第2については，そもそも本書の起点が過疎地域における地域コミュニティのあり方の探求にあったことからである。第3，第4については，本書の主目的が，組織や集団において，社会環境の変化に応じてダイナミックに変化する，権限によらないリーダーシップの探求にあったことからである。第5については，インタビューによる一次資料をもとに実証分析を行うことが研究の質を向上させることに繋がるとともに，そもそも事例によっては公開されている資料が少なく，一次資料（インタビューなど）に頼らざるを得ない事情があるからである。

4.3　事例研究から理論への一般化

　Yin（1994）は，事例研究が行う一般化は，「分析的一般化」であり，「統計的一般化」とは異なると述べている。分析的一般化とは，「事例を選ぶ際に重視した理論を，その事例を通じてさらに考察することによって，理論のさらなる一般化に貢献する」（野村，2017）ということであり，「あるサンプルについて収集された経験的データにもとづいて母集団（あるいはユニバース）に関する推論」（Yin，1994）を行う「統計的一般化」とは異なる。本書では，先行研究を参考にしつつ，分析枠組みとしての「リーダーシップ好循環モデル」を提示し，その有効性を複数の事例研究をもって考察することで，理論の精緻化と一般化を目的としていることから，複数事例による事例研究法の採択は妥当であると考える。

4.4　具体的な事例

4.4.1　具体的な事例として採択した理由

　実証分析では，徳島県内における地域コミュニティの再創造活動を取り上げた。その理由は，急速に進む過疎化，限界集落化の中で，新たな視点からの地

域コミュニティの再創造に一定の成果を上げ，全国から注目されている事例が
存在するからである。人口減少を所与のものとしながら，過疎地域の強みを生
かし，地域住民が主体となり多様な人々との交流や協働による新たな地域づく
りが徳島県内では見られるのである。過疎化，限界集落化が全国に魁けて進行
している課題先進県[6]だからこそ生まれた先進事例であり，ある種の逸脱事例
とも言える。確かに，これら事例は，地理的条件も異なり歴史・文化的な背景
も違う，表面的には過疎地域であること以外に共通点を見出せないような事例
である。しかしながら，深く分析を進めていくことで共通項を見出すことがで
きるのである。

　ここで，分析対象とする 4 つの事例について概括すると次のとおりである。
まず，徳島県美波町の伊座利集落である。児童数減少による学校廃校を阻止す
るため，地域住民が結束して独自のシステムの構築により移住者を呼び込み，
持続可能な地域づくりに成功している小規模漁村集落の事例である。人口は
100 名前後で推移しているが，過疎地域では極めて稀な人口構成の若返りとい
う現象が現れている。行政依存による地域再生方式に見切りをつけ，都市と漁
村との交流に活路を見出すべく住民全員参加の組織を創設し，地域内外のパ
ワーを結集した再創造活動を展開している。伊座利集落の再創造活動は，国土
交通省主催の「先進的まちづくりコンペ」における審査委員会特別賞の受賞
(2018) や，全国の地方紙・大手通信社の主催する地域再生大賞 (2019) の受
賞など全国から注目を集めている。また，絵本作家・梅田俊作[7]は，伊座利集
落の活動に深く心を動かされ，絵本「漁火　海の学校」[8]を刊行した。絵本に
もなる物語性を持つ再創造活動が伊座利集落の事例なのである。

　次に，徳島県上勝町の「葉っぱビジネス」である。大寒波で壊滅的打撃を受
けた，みかん生産の代替的産業として始まったのが「葉っぱビジネス」である。
このビジネスモデルは，ICT基盤を活用して，会社組織でいう企画営業部門を
「株式会社いろどり（以下「㈱いろどり」）」が，生産部門を高齢の生産農家で
構成する「東とくしま農業協同組合・彩部会（以下「彩部会」。)[9]が，そして，
物流部門を「東とくしま農業協同組合上勝支所（以下「JA上勝支所」。）が担っ

ている。限界自治体とも言われる上勝町をフィールドとしながら，異なる組織
や集団，個人が，あたかも１つの会社組織のように自律的・協調的に機能して
いるところに葉っぱビジネスの特徴がある。この葉っぱビジネスは，未利用地
域資源をICT基盤を活用することで情報と結びつけ，新たな価値に転換するビ
ジネスモデルである。同時に，ビジネスの領域を超え，高齢者の暮らし方や生
き方にもさまざまな影響を与えている。提唱者である横石知二[10]は，葉っぱビ
ジネスを，高齢者に働きがい，生きがい，居場所を提供する「産業福祉」と呼
んでいる。葉っぱビジネスは，書籍や論文はもとより映画化[11]されるなど，過
疎地域の再創造活動のモデルとして，国内外から視察者が訪れている。

　そして，徳島県神山町（かみやま）の「創造的過疎」と美波町の「にぎやかそ」の取組で
ある。「創造的過疎」というコンセプトの提唱者である大南信也[12]は，「過疎化
を与件として受け入れ，外部から若者やクリエイティブな人材を誘致すること
で人口構造・人口構成を変化させ，多様な働き方や職種の展開を図ることで働
く場としての価値を高め，農林業だけに頼らないバランスのとれた持続可能な
地域をつくろうという考え方」が創造的過疎のネライであると述べている。ま
た，美波町の「にぎやかそ」は，まちづくりの方向性を示すものとして，美波
町が地域住民とともに考え出したキャッチフレーズである。その提唱者の１人
である吉田基晴[13]は，過疎は前提として「賑やかな過疎」を目指すことだと述
べている。こうした，「創造的過疎」や「にぎやかそ」の共通点は，従来の人
の数の確保を至上命題にした取組ではなく，地域住民が主体となりながら地域
外の多様なアクターを誘致し，ICT基盤を活用することでさまざまな交流を生
み，持続可能な地域づくりを目指すということである。そして，このコンセプ
トの実現に大きな力を発揮しているのが，首都圏のIT企業などのサテライト
オフィス（以下「SO」。）を誘致し，地域コミュニティの再創造を目指す官民
連携の取組－徳島サテライトオフィス・プロジェクト（以下「SOプロジェク
ト」。）－である。このSO誘致による地域コミュニティの再創造を目指す施策
は，徳島県の取組を参考に，2014年12月27日に閣議決定された第１期の「ま
ち・ひと・しごと創生総合戦略について」において盛り込まれ，次の第２期戦

略においても重要な施策として引き継がれている。

　本書でこれら4つの事例を分析対象として取り上げたのは，革新的な手法により地域コミュニティの再創造に一定の成果を上げていると，全国的にも評価されているからである。

4.4.2　選択した事例の持つ優位性と限界

　これらの事例には共通点が2点ある。第1に，再創造活動の始動時より重要な役割を果たしてきた地域リーダーが，今もなお活動を継続していることである。このことは，公開資料などに依存せざるを得ない歴史的な研究対象とは異なり，インタビューによって貴重な一次情報が得られる対象であるということを意味する。第2に，すべての事例が，衰退・停滞期を脱却し，革新的再興期から成長・安定期を経て，"次の"革新的再興期のフェーズへの移行に踏み出したところか，踏み出そうとしている状況にあるということである。このことは，「衰退・停滞期→革新的再興期→成長・安定期」までのプロセスは事実に基づいた客観的な分析が可能となることを意味する。一方で，「成長・安定期→"次の"革新的再興期」へのプロセスは一次情報の収集にも限界があるということも意味する。本書では好循環モデルの最終的なフェーズである，"次の"革新的再興期に移行しつつある事例を研究対象とすることの限界を十分認識した上での実証分析となる。もちろん，今後の課題として，これら事例の活動を継続して検証することで，分析枠組みとしてのリーダーシップ好循環モデルの精緻化と信頼性の向上に努めていくことは言をまたない。

4.4.3　資料収集の方法

　事例調査の対象と資料の収集に関しては，主に一次データをもとに実証分析を行うため半構造化インタビュー調査[14]を実施している。ただし，インタビューにおいては認知バイアスが生じることから，当該地域コミュニティに関する先行研究や書籍，新聞・雑誌記事なども利用した。なお，神山町及び美波町のSOプロジェクトに関する部分は，一部参与型観察手法も併用している。

図表 4 − 9　事例調査対象及び資料収集

	伊座利集落の事例	上勝町の事例	神山町の事例	美波町の事例
所在地	美波町伊座利地区	上勝町	神山町	美波町日和佐地区
組織・集団の形態	小規模漁村の地域コミュニティ	葉っぱビジネスに関係する集団	SOの集積に関係する集団	SOの集積に関係する集団
データ収集法	・半構造化インタビュー（※インタビューは1回あたり60分から120分程度実施。） ・関連する先行研究，書籍・新聞・雑誌などの活用 ・神山町及び美波町の事例については，一部参与型観察手法も併用。			
調査期間	2015.9-2019.11	2015.12-2019.11	2015.11-2019.11	2015.11-2019.11
データ収集	・調査にあたっては再創造活動に関わった複数の地域リーダーやフォロワー，行政関係者や教育関係者などに対して複数回にわたりインタビューを実施。	・調査にあたっては，葉っぱビジネスの提唱者である横石はもちろん，生産農家や物流関係者など，葉っぱビジネスの構築・運営に関わってきた複数の関係者に対して，複数回のインタビューを実施。	・調査にあたっては，首都圏のIT企業などのSO誘致を核とした再創造活動に関わった行政，企業，NPOなどの主要な関係者に対して複数回のインタビューを実施。なお，筆者自身が，SOプロジェクトの始動時における行政の総括的責任者であり，それ以降においても，SOプロジェクトの推進に関与してきたことから，一部参与型観察の手法も併用している。	・調査にあたっては，首都圏のIT企業などのSOの誘致を核とした再創造活動に関わった行政，企業，パブリックベンチャーなどの主要な関係者に対して複数回のインタビューを実施。なお，筆者自身が，SOプロジェクトの始動時における行政の総括的責任者であり，それ以降においても，SOプロジェクトの推進に関与してきたことから，一部参与型観察の手法も併用している。
	<u>主なインタビュー</u> ・草野裕作（地域） 　2015.9/2015.10/ 　2016.10/2018.12/ 　2019.4 ・富田一利（地域） 　2017.6/2017.9/2019.11 ・坂口　進（地域） 　2017.6 ・佐藤俊伸（地域） 　2019.11 ・影治信良（行政） 　2017.6/2019.8/2019.11 ・賀川隆博（教育） 　2017.6 ・永井　武（教育） 　2019.11 ・梅田俊作（作家） 　2016.10 ・門田誠（新聞） 　2017.6	<u>主なインタビュー</u> ・横石知二（PB） 　2015.12/2016.5/ 　2017.8/2018.11/ 　2019.1 ・水澤莉奈（PB） 　2019.11 ・浦田和志ほか（農家） 　2017.12/2019.11 ・桂洋志ほか　（JA） 　2017.8/2019.11	<u>主なインタビュー</u> ・大南信也（NPO） 　2018.8/2018.9/ 　2019.7/2019.10 ・髙橋成文（行政） 　2019.8 ・本橋大輔（SO） 　2018.11/2019.8 ・廣瀬圭治（SO） 　2015.11/2017.6/ 　2018.10/2019.8/ 　2019.10 ・阿部さやか（ART） 　2019.8/2019.10	<u>主なインタビュー</u> ・吉田基晴（PB） 　2015.11/2017.1/ 　2017.3/2018.10/ 　2019.8/2019.10 ・久米直哉（PB） 　2019.7 ・明石昌也（SO） 　2019.11 ・影治信良（行政） 　2017.4/2018.4/ 　2019.8/2019.11 ・鍛治淳也（行政） 　2019.7 ・舛田邦人・浜口和弘・大地均（地域） 　2018.4
	（注）地域＝地域リーダーまたはフォロワー，行政＝美波町長，教育＝伊座利校校長など，作家＝絵本作家，新聞＝地元記者	（注）PB＝㈱いろどりの代表または社員，農家＝葉っぱビジネスの生産農家で「JA彩部会」の部会長または部会員，JA＝JA上勝支所の所長または所員	（注）NPO＝グリーンバレー，SO＝サテライトオフィス経営者または社員，行政＝神山町の職員，ART＝アーティスト	（注）PB＝㈱あわえ社長または社員，SO＝サテライトオフィス経営者または社員，行政＝美波町長または職員，地域＝地域リーダーまたはフォロワー

（注）表内敬称略
（出典）筆者作成。

それらを総括したものが図表4 - 9である。

5　まとめ

　本章においては，リーダーシップ好循環モデルの応用モデルを検討するため，地域コミュニティの考慮すべき固有の問題や，分析における重要な要素である，「新しい内発的発展」「地域愛着」「地域プラットフォーム」「学習・伝承システム」について順次考察を行った。

　新しい内発的発展は地域コミュニティの再創造の基本的な方向性を指し示すものと確認した上で，地域愛着について考察した。その結果，強い地域愛着を持つ地域リーダーたちが地域コミュニティのあるべき姿と危機意識を共有し，地域の多くの人々の地域愛着と危機意識を呼びさますことで，再創造活動の推進力が生まれることを確認した。そして，地域プラットフォームについて考察し，適切な地域プラットフォームの設計は地域コミュニティの行く末に大きな影響を与えるものであり，地域リーダーにとっての最も大きな仕事であることを確認した。さらに，学習・伝承システムについて考察し，地域の実情に応じた学習・伝承システムの維持・改善が再創造活動の鍵を握ることを確認した。以上を踏まえ，地域コミュニティの固有の問題や分析にあたっての重要な要素を加味した，リーダーシップ好循環モデルの応用モデルを提示した。

　次に，実証分析を行うにあたり，事例研究法の採択の妥当性や具体的な事例採択の合理性などについて考察した。実証分析の対象としての地域コミュニティは多様な人々が織りなすある種の「複雑・数奇な事象分析」に相当し，社会的・歴史的文脈とは切り離せないものであることから事例研究法を採択する理由があること，また，長期的な時間軸の中で変化する事象を考察するということに関して事例研究法を採択することは適切であることを確認した。さらに，分析対象として選択した事例は，地域コミュニティの再創造活動の始動時より重要な役割を果たしてきた地域リーダーが現在も活動を継続中であり，公開資料では得られない貴重な一次資料を得られるという優位性を確認した。一方で，

リーダーシップ好循環モデルが想定する成長・安定期から"次の"革新的再興
期への移行については，そのフェーズに踏み出したばかりという状況にあるた
め，客観的資料を得るには今暫く時間を要するという限界も指摘した。

◉注
1　①の「農村たたみ論」は農村居住を否定する議論であり日本の国土を端からたた
　むことを推進する論理。②の「外来型発展論」は地域内の農林水産業などの地域産
　業ではなく外部からの工場誘致や外部資本によるリゾート開発などで地域発展を目
　指す論理。③の「一般的内発的発展論」は地域住民による地域産業を軸にした地域
　発展の論理。④の「新しい内発的発展論」は地域の主体性を基本としつつ外部アク
　ターとの交流・連携による交流型の内発的発展を目指す論理。
2　萩原・藤井（2005）は交通行動の差異による地域風土への接触量が地域愛着に影
　響を与える研究を行っている。自動車やJRなどを利用するより，行動範囲が地域
　内に限定される徒歩・自転車などの利用が居住地域の風土と濃密に関わることに
　よって地域愛着が醸成されるという結論を導き出している。鈴木・藤井（2008ａ）
　は消費行動中のコミュニケーションが地域愛着を醸成するといった研究を行ってい
　る。消費行動が買い物中のコミュニケーションや居住する地域への愛着に影響を及
　ぼし，その接触が多い人ほど地域愛着が高いことを実証分析により明らかにしてい
　る。引地・青木・大渕（2009）は地域の物理的・社会的環境と地域愛着との関連性
　の研究を行っている。地域愛着は単なる居住年数の長さ以上に地域での経験の質に
　強く規定されることを明らかにしている。
3　鈴木・藤井（2008ｂ）は地域愛着が町内会活動やまちづくり活動といった地域で
　の協力行動に与える影響についての研究を行っている。地域愛着が高い人ほど，町
　内会活動などの地域活動に熱心であり，地域内の活動について他者依存の傾向が低
　く，行政を信頼する傾向も示した。林（2015）は地域スポーツへの愛着が地域愛着
　や地域コミュニティ活動へ与える影響について研究を行っている。地域スポーツと
　してのバレーボールチームに対する愛着は，活動拠点のある地域への愛着に影響を
　及ぼし，活動拠点のある地域への愛着は，当該地域内で行われるコミュニティ活動
　への参加意欲に影響を及ぼすことを明らかにした。床桜（2019ｂ）は条件不利地域
　を含む地方に立地する企業に勤める従業員としての地域愛着と組織コミットメント
　との関係性に着目した研究を行っている。地域コミュニティにおける地域人として
　培ってきた地域愛着が，当該地域コミュニティに立地する企業組織における組織人
　としての組織コミットメントにプラスの影響を与えるという研究結果である。
4　Yin（1994）は，「リサーチ戦略」と呼んでいる。
5　野村（2017）は，ある一時点におけるデータを集めるのが横断的研究法とし，経

年的変化を捉えるものを縦断的研究法としている。

6　徳島県（2016）「過疎地域等条件不利地域における集落の把握調査」などでも確認できる。

7　1942年，京都府生まれ。徳島県美波町にもアトリエを構え20年近く創作活動をしていた。主な作品に『このゆびとーまれ』（講談社・講談社出版文化賞），『ばあちゃんのなつやすみ』（絵本にっぽん賞），『しらんぷり』（日本絵本賞大賞），『14歳とタウタウさん』（日本絵本賞特別賞）などがある。

8　ポプラ社から2006年出版。

9　位置づけとしてはJAの部会であるが，「一人親方の集団」（浦田部会長）と言われるように自律性の強い集団である。したがって，異なる3つの組織体の1つとして位置づけている。

10　㈱いろどり代表取締役社長。

11　「人生，いろどり」（2012公開）

12　NPO法人グリーンバレー理事。

13　㈱あわえ代表取締役。

14　半構造化インタビューの主なインタビュー項目としては，①地域コミュニティの再創造活動への参画動機，②リーダーの特定，③リーダーとフォロワーとの関係性，④リーダーシップのあり方と変化，⑤地域コミュニティの組織化のプロセス，⑤地域コミュニティ再創造活動の課題と将来展望など。

第 5 章

伊座利集落の事例
―全員参加による地域コミュニティの再創造―

1　調査概要

1.1　調査目的及び調査方法

　徳島県内では，急速な過疎化，限界集落化によって存続が危ぶまれている地域コミュニティがある中で，住民主体の都市－農山漁村交流型の内発的な発展により集落の再生・活性化の動きが出てきている。その1つが，徳島県美波町の伊座利集落（以下「伊座利集落」。）である。伊座利集落の再創造活動は，「ないことを嘆く」のではなく，「あることに磨きをかける」ことを基本に，住民が主体となって都市部のパワーも活用しながら自律的，創造的な活動を進めていった，ある種のソーシャル・イノベーションである。なぜ，伊座利集落はイノベーションを実現できたのかを活動の始動時まで遡り，その組織化のプロセスと再創造活動の推進力ともなっている「伊座利ウェイ」について明らかにする。そして，再創造活動とリーダーシップのあり方を分析することで，リーダーシップ好循環モデルの応用モデルの有効性の検証を行うことが本章の目的である[1]。

1.2　伊座利集落の再創造活動に関する先行研究

　伊座利集落の再創造活動について，柳田（桃子）・後藤・田口・柳田（良造）（2017）は，伊座利集落の取組を通じて，地域づくりの展開過程を考察し，地域づくりに成果をもたらすものは何かとの問題意識から研究を行っている。その結果，地域課題の認識共有，課題解決型組織の創出と運営が重要な要素であることを明らかにし，中でも課題の認識共有の重要性を指摘している。また，金子（2008）は，コミュニティスクール運営の視点から伊座利校と地域との相互依存関係に焦点をあてた考察を行っている。これら研究以外にも伊座利集落を研究対象としたものがあるが，本書が目的としているリーダーシップのあり方などについてはほとんど考察がなされていない。なお，本章は，床桜（2019a）の「過疎地域における地域コミュニティの再創造とリーダーシップ」をベースに，より詳細な分析を試みている。

1.3　伊座利集落の概要

　伊座利集落は，県庁所在地の徳島市から車で70分程度の県南部に位置する小さな漁村集落である（図表5－1）。

　東は海に面し，それ以外の三方を険しい山々に囲まれ，小さな川を挟んでひらけた狭隘な平地部に，約100人の住民が生活を営んでいる（図表5－2）。

　主な産業は沿岸漁業である。一定の資金力と労働力を前提とする定置網（大敷網）漁法が存続している県内では数少ない地域である（図表5－3）。

　この漁法は，1973年の漁港の整備以前は，浜からの船の出し入れや魚の運搬などについて，漁師以外の地域住民も関わる漁業形態であったと言われており，これが地域住民の共同性を強め，後述する住民全員参加の文化風土の形成に寄与したとの意見もある。住民の大半が漁業に関与し，直接漁業をしない組合員にも漁の余剰分配が行われている。また，地域に永住しない学校の教職員や新規転入者にも採貝権を認めている。伊座利集落は，現在は行政区域としては美波町に属するが，合併前は由岐町に属していた。伊座利集落はかつて「陸の孤

図表５－１　　伊座利集落の位置

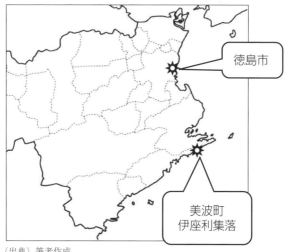

徳島市

美波町
伊座利集落

（出典）筆者作成。

図表５－２　　伊座利集落

伊座利集落（伊座利峠からの景色）　　　伊座利集落（漁港からの景色）
（出典）筆者撮影（2019年11月11日）。

島」と呼ばれていた。これは，1959年に海沿いに当時の由岐町の中心地に繋が
る道路の整備ができ，また，1966年に隣接する阿南市福井町に繋がる県道がで
きるまでは，陸路移動は徒歩によるしかなく，基本は海上交通での移動となっ
ていた。この道路整備により生活の利便性は格段に向上したが，同時に都市部
への人口流出の要因となった。1950年時点では457人の人口が，1960年には319

図表 5 － 3 大敷網漁業

（出典）伊座利の未来を考える推進協議会提供。

図表 5 － 4 伊座利校

（注）左の写真＝伊座利校（左が「伊座利小学校」正門・右が「由岐中学校伊座利分校」の正門）
　　　右の写真＝教室内部。
（出典）筆者撮影（2019年11月11日）。

人，1970年には178人，1980年には135人と右肩下がりの減少となった。人口減
少が顕著に現れたのが子どもの数であり，教育の場だけではなく，地域コミュ
ニティの結束の象徴でもある伊座利校（現・由岐中学校伊座利分校・伊座利小
学校の小中併設校。）が存亡の危機に直面することになった（図表 5 － 4 ）

図表5－5　美波町及び伊座利集落等の人口動態（単位：人，％）

区　　分		2000年	2005年	2010年	2015年	人口増減率 (2015/2000)
（美波町）	人口 高齢化率	9,307 32.2	8,276 36.7	7,765 41.1	7,092 45.2	△23.8
（伊座利集落）	人口 高齢化率	87 39.1	116 24.1	94 22.3	91 17.6	4.6
（阿部集落）	人口 高齢化率	336 39.3	294 44.2	244 52.0	204 51.5	△39.3

（出典）総務省「平成27年国勢調査」をもとに筆者作成。

　危機的状況を克服するために住民が立ち上がり，「学校の灯りを消すな！」との合言葉のもと再創造活動が始まった。その結果，人口は100人前後で推移しているものの，過疎地域としては通常では考えられない高齢化率大幅減という現象が現れている。2000年には同水準であった近隣の漁村・阿部集落が大幅な人口減少と高齢化率上昇となっているのと対照的である（図表5－5）。

2　地域コミュニティの再創造活動

2.1　組織化のプロセスと主な再創造活動

　伊座利集落の人口減少とともに伊座利校の生徒も減少していった（図表5－6）。伊座利校の新校舎が完成したのは1988年であったが，すでにその翌年には廃校になるかもしれないとの情報がもたらされた。その頃には小中学校の生徒を合わせても一桁という危機的状況に追い込まれたのである。

　学校がなくなれば地域の存続はないとの危機感から，当時50歳前後の同世代の地域住民数人が連日集まり，時には喧嘩腰になりながら再興に向けた議論を重ねた。建設会社の経営者であり地域リーダーの一人である富田一利は次のように述べている。

図表5-6　伊座利校の生徒数の変遷（再創造活動の始動時を中心に整理）（単位：人）

年度	小学校	中学校	計
1970	12	10	22
1980	4	3	7
1985	7	2	9
1990	10	4	14
1995	5	6	11
2000	7	5	12
2005	13	9	22

（出典）伊座利校資料に基づき筆者作成。

　都市部の子供を受け入れる漁村留学制度導入の提案や学校存続の要望を，由岐町（日和佐町との合併により現在は美波町）に対して行ったが，町からの反応はなく時間のみが過ぎていった。漁師や建設業者中心のメンバーには，何とかしなければとの熱い思いはあったが，行政を動かすだけの具体的なプランにまとめ上げる知識や経験を持つ者はいなかった。

　このような状況に変化をもたらしたのは，よそ者視点をもった人物の参画からであった。その1人が教員・賀川隆博である。1998年，人事異動により家族とともに伊座利集落に移り住んだ。勤務先は近隣集落にあった由岐中学校阿部分校であったが，住民による伊座利校存続の活動に心を動かされ一住民の立場で活動に参画した。賀川はその当時のことを次のように述べている。

　　当時，議論は熱心にするが，出口が見つからない状態であった。「どうせ滅ぶなら，やってから滅ぼう」と呼びかけ皆の覚悟が定まったように思う。

　「よそ者視点」を持つ人物だからこそできる貴重な後押しである。なお，賀

川はその後異動により他地域に移り住んだが，今もなお，伊座利集落の再創造
活動のよき理解者である。そして，もう一人は，元公務員・草野裕作である。
当時，草野は由岐町職員としてさまざまな地域づくりの業務に従事していたが，
伊座利集落出身ということもあり，活動に参画するようになった。住民全員参
加を基本コンセプトとした新たな住民組織である，「伊座利の未来を考える推
進協議会（以下「協議会」。）」設立の立役者である。草野は，現在，協議会の
事務局長の役割を担いながら，行政依存ではなく行政活用による新たな地域再
創造のための具体策を提案し続けている，地域リーダーの一人である。また，
草野は，伊座利漁業協同組合の組合長に組合員から推挙され就任している。
「漁師経験の無い組合長」と自らを表現しつつ，漁協の持つパワーを生かした
6次産業化など新たな価値創造に取り組んでいる。

　教育システムに通じた賀川，行政システムを熟知した草野の2人は，住民の
熱い思いを実効性の高いプランにまとめ上げ，行政など関係機関を動かす役割
を果たした。住民主体の活動には，住民の思いを整理し具体的なプランとして
まとめ上げる人材が不可欠である。新たな戦力も加わり行政依存の外発的手法
を転換し，住民主体による外部アクターのパワーも活用しながら再創造活動を
行うことを決断し，実行に移していった。その具体的な例が1999年に実施した
「おいでよ海の学校へ」である。これは県内外の子供たちを対象にした「一日
留学体験イベント」であり，大敷網漁やクルージングを親子で楽しんでもらい，
最終的には家族とともに伊座利校への転校と移住の動機づけを目的にしたもの
で現在も続いている（図表5－7）。なお，その活動過程で受け入れ施設がな
いことが問題となり，粘り強い折衝の結果，2000年4月に交流施設「にぎわい
の館」が，同年11月には滞在施設「やすらぎの館」が，町によって整備された。

　こうした都市―農山漁村との交流イベントの成功や受入のための環境整備を
踏まえ，住民による自律的な地域づくりを本格化させるには，再創造活動の推
進体制の整備が急務であることが確認され，2000年4月に，住民全員参加によ
る「伊座利の未来を考える推進協議会」を発足させた。8部会で構成され，発
足時には2才から97才までの全住民105人が会員となった（図表5－8）。

図表 5 − 7　「おいでよ海の学校」の体験風景

（出典）伊座利の未来を考える推進協議会提供。

図表 5 − 8　まちづくりの推進体制

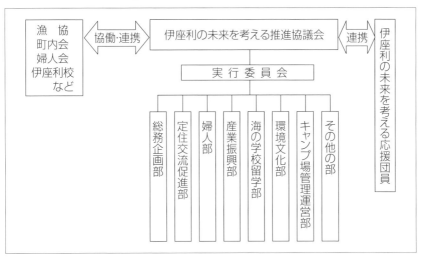

（出典）伊座利の未来を考える推進協議会資料をもとに筆者作成。

　草野は，協議会に関し次のように述べている。

　　　他地域における地域再生の失敗の原因を探ったとき，一部の住民だけで
　　組織を作り，リーダーが専制的に物事を決めていく手法に問題があると考
　　え，住民全員参加に強く拘った。そして同時に，全員参加が義務的になり
　　負担感に繋がらないように，楽しみながら活動を続けることにも気をつ
　　かった。地域再生には息の長い活動が必要であるだけに，活動の義務化は
　　マイナスになると感じたからである。

　このように協議会は住民全員参加であり，「学校の灯りを消すな！」との共
通の目標を掲げ活動するが，それぞれの会員（＝住民）は，自分の得意とする
分野において活動すればよいとの考えで運営されている。また，協議会には会
長などの職はあるものの，役員と一般会員は垂直関係ではなく，水平的な関係
性を保っている。そして，持続可能な地域づくりには外部アクターとの連携が
必要との考えから，伊座利集落ゆかりの人々が多く住む大阪において「関西伊
座利応援団」を発足させた。今でいう関係人口の創出である。協議会発足直後
の2000年8月，大阪市内で行った発足会は，伊座利集落から子どもも含めて約
80人，関西在住の伊座利集落ゆかりの人々は約200人，合わせて約300人が参加
する一大イベントとなった。発足会は「学校の灯が消えることは，ふるさと伊
座利の灯が消えてしまうことにつながる。断じて消してはならない」との当時
の協議会会長・木床賢一の挨拶から始まった。数十年ぶりに再会したという人
も多く，旧交を暖め，親交を深め，参加者全員に感動を呼び起こすことで地域
への愛着を強めることができ，「伊座利の未来をともに考え，ともに活動す
る」との会の目的を達成することができた。以降の再創造活動は協議会を軸に
展開されていく。「おいでよ海の学校」の目的は移住者増にあり，移住者の受
入れについても独自のシステムを創りあげた。中学生以下の子どもがいる家族
を想定した移住フローチャートを次のとおり協議会が示している（図表5-9）。
　フローチャートにおいて，「住居の紹介」については協議会が行うとの記載

図表５－９　伊座利集落移住のフローチャート

段階	お試し①	お試し②
Step 1	「おいでよ海の学校」の体験で移住希望あり	「伊座利校体験入学」の体験で移住希望あり
Step 2	「伊座利校体験入学」で必ず入学体験	保護者・学校・協議会との３者面談
Step 3	保護者・学校・協議会との３者面談	３者が合意すれば協議会が住居紹介
Step 4	３者が合意すれば協議会が住居紹介	家族で移住
Step 5	家族で移住	

（出典）「いざり人」（伊座利の未来を考える推進協議会）をもとに筆者作成。

がある。これは，伊座利集落には個人で貸し借りできるアパートなどがないことから，協議会が家主から借り受け改修した空き家を，移住者用住居として確保している。これは狭隘な土地での限られた住居の確保を行うことと，住居の提供という移住する際の重要なポイントを協議会が担うことで，伊座利の文化風土に合った「仲間」を呼び入れるための仕組みと考えられよう。これを後押しするために，協議会は由岐町（当時）に対して，移住者向けの空き家の確保のための改修補助金制度を提案し，2003年に「由岐町地域づくり条例」として制度化された。この制度の枠組みは合併後の美波町において，「美波町地域づくり条例」及び「美波町定住促進条例」として継承されている。

　こうした官民連携による活動が功を奏して，全国から視察者が増えてきたことから，伊座利集落で食事をする場所や宿泊施設の整備が課題となってきた。それを具現化したものが，目の前の海で収穫した新鮮な魚を活用した，レストラン兼コンドミニアムの「イザリカフェ」（2007年開業）である。基本的なコンセプトは協議会が策定し，資金確保とハード整備は美波町が行った。その運営は協議会メンバーの「漁師の奥さん」が担当している。なお，運営は協議会が自律的に行っており，運営に関しては一切の公的資金は投入されていない。イザリカフェは，交流人口の増加に寄与することはもちろん，年を経るごとに漁獲量が減ってきている漁業の６次産業化による対応策の一つとの側面がある。

図表5－10　組織化のプロセスと主な再創造活動

（革新的再興期Ⅰ）1989-1998
<u>Step 1　危機意識の共有と共通目標の設定</u>
・生徒数の減少による伊座利校廃校の可能性の情報（1989）。
・同世代（50歳前後）の仲間が集まり対応策を毎晩議論。
・「学校の灯を消すな！」を共通目標に設定し行動を起こすことを確認。

<u>Step 2　行政依存の限界を知る</u>
・町に対して学校存続の要望活動を行うが「梨の礫」。
・時間のみが過ぎていき具体的な成果を得られず。
・行政依存型の限界を痛感。自ら考え行動することの重要性を確認。

<u>Step 3　教育と行政の仕組みに通暁した人物の参画</u>
・住民の熱い思いを実現可能なプランにまとめ，住民主体で果敢に実行。

（革新的再興期Ⅱ）1999-2002
<u>Step 4　小さな成功体験の積み重ねと環境整備</u>
・一日漁村留学体験「おいでよ海の学校」の成功（1999）。
・交流施設「にぎわいの館」及び滞在施設「やすらぎの館」を町が整備（2000）。

<u>Step 5　自律的，持続的な地域再創造のための推進体制の整備</u>
・住民全員参加による「伊座利の未来を考える推進協議会」の設立（2000）。
・伊座利集落ゆかりの人々との交流促進のための「関西伊座利応援団」発足（2000）。

（安定・成長期）2003-2012
<u>Step 6　「伊座利ウェイ」の定着と情報発信</u>
・児童・生徒数の増加傾向
・共通の価値観や行動規範「伊座利のみんなが守っていること8箇条」明文化。
・移住促進のための「由岐町地域づくり条例」の制定（2003）。
・漁業6次産業化のための「アラメ加工場」整備（2003）。
・人と情報の交流の拠点「イザリカフェ」開設。住民が責任経営（2007）。
・伊座利校が県内初の「コミュニティスクール」に指定（2007）。

（"次の"革新的再興期）2013－
<u>Step 7　移住者数低迷（児童・生徒の減少）打開のための取組を模索中。</u>
・都市部の若年女性を引き寄せるイベント「あまちゃん体験塾」の開講（2013）。
・東大加藤研究室の「サテライトオフィス」の開設（2017）。
・多世代交流・多機能拠点「よろずや」開設（2018）。

（出典）筆者作成。

　なお，6次産業化については，2003年の「アラメ加工場」の整備のほか，隣接する阿南市でのアンテナ食堂「弘伸丸」の経営など，協議会，漁協が一体となった取組を行っている。

　基幹産業である漁業振興に加え，新たな活動も行ってきている。まず，伊座利校については，2007年に県内初のコミュニティスクールに指定され，「学校運営協議会」のトップには，坂口会長が就任し，富田ら協議会メンバーも学校運営に参画することとなった。国のコミュニティスクール制度という公的な枠組みの中で，地域とともに歩む学校としての性格がより明確化されたところである。また，2013年からは，都市部の若年女性向けのイベント「あまちゃん体験塾」の開講を行い現在も継続している。そして，2017年には，防災の視点を取り入れた地域づくりのために，東京大学生産技術研究所の加藤研究室のサテライトオフィスを誘致した。さらに，2018年には多世代交流・多機能拠点「よろずや」を開設し，地域内外の交流や学びの空間を提供している。以上の組織化のプロセスと主な再創造活動を整理すると図表5-10のとおりである。

2.2　再創造活動を支える重要な要素

　新しい地域コミュニティの構築や維持にとって，交流型内発的発展という基本的な考え方に加え，重要な要素となるのが，「地域愛着」「地域プラットフォーム」「学習・伝承システム」である。伊座利集落がこうした要素を有するのかを確認する。

2.2.1　地域愛着

　人々と地域とをつなぐ感情的な絆である地域愛着は，地域コミュニティの再創造活動の根幹をなすものである。強い地域愛着を持つ地域リーダーたちが地域コミュニティのあるべき姿と危機意識を共有し，地域の多くの人々の地域愛着を呼びさますことで，再創造活動のエネルギーが生まれる。伊座利集落における再創造活動は同世代の複数の地域住民の「学校の灯りを消すな！」との強い思いからスタートしている。学校がなくなれば愛する地域もなくなるという

危機意識からの行動である。その思いはすべての地域住民が持つ気持ちであることから，数人から始まった再創造活動が住民全員参加の協議会設立に繋がった。こうしたことから，地域愛着が伊座利集落の再創造活動のエネルギーとなっていることは明らかである。

2.2.2　地域プラットフォーム

　地域プラットフォームとは，地域内外の主体の協働を促進し，地域コミュニティの再創造に資するコミュニケーションや活動の基盤となる道具や仕組み，空間であった。伊座利集落における地域プラットフォームは，「伊座利の未来を考える推進協議会」である。従来型の町内組織も存在するが，それは伝統的行事を粛々とこなしていく存在であり，革新的な取組には相応しくない。住民の持つ地域愛着を，「伊座利校を残す」というすべての住民の心に届く目標に集中させ，ともに行動に移すための基盤が協議会である。協議会は地域プラットフォームそのものであり，住民全員参加という基本コンセプトのもと，都市－農山漁村交流イベントの開催，独自の移住受け入れシステムの構築，地域資源活用型ビジネスの立ち上げなど，さまざまな取組を実現してきた。その活動を通じて地域住民自らが学習し，大切に守ってきた共通の価値観や行動の規範が確立されていった。それが，「伊座利のみんなが守っていること8箇条」（以下「8箇条」。）である。それは，①違いを認め合うこと，②動くこと，③自分たちで考え実行すること，④普段着であること，⑤住民が楽しむこと，⑥子ども大人もみんなが対等であること，⑦活動を義務づけないこと，⑧グチをいわないこと，である。富田は，「8箇条は，住民自らが大切だと考え，行動に移していることを草野が文章化したもの」と述べている。つまり，住民が義務的に「守るべき8箇条」でなく，住民が自主的に「守っている8箇条」なのである。この8箇条は，①人は多様であり対等であること，②住民自らが決め，果敢に行動に移し，結果を受けとめること，③各人が自主的にそれぞれの役割を果たすこと，の3点に集約することができる。

　交流型内発的発展による持続的な地域づくりの「肝」にあたる要素がここに

凝縮されている。一般的に、「ウェイ」とは、その企業独自の強みや企業内の共通の価値観を背景にした行動指針の総称を表すもので、「経営理念」や「社是・社訓」などの形式で構成、明文化される。伊座利集落にも「伊座利ウェイ」があり、それは、「住民が個々には自律的、分散的に活動しながら、危機意識を共有し、共通目標の達成のために、ゆるやかな結合によって行動をともにし、失敗からも学びつつ創り上げてきた理念や行動規範」と説明できる。伊座利集落においては、全員参加の協議会という、ゆるやかに繋がる組織・集団体制と、地域愛着に裏打ちされた人々の「伊座利ウェイ」が両輪となって、再創造活動が継続しているのである。

2.2.3　学習・伝承するシステム

　地域コミュニティの再創造活動は、失敗から学び、改善し、小さな成功を積み重ねていくことで目標に近づく、試行錯誤の繰り返しである。そして、試行錯誤を通じて学習した知見やノウハウを、地域コミュニティの内部に蓄積し、次代に継承するシステムを持つことが極めて重要である。

　この点、伊座利集落の再創造活動は、子どもも含めた活動が特徴となっている。このことにより、再創造活動のプロセスが特定のリーダー及びそれに近い人間のみに理解・共有されるような閉鎖型でなく、住民全員に開かれた開放型になっている。その意味においては地域コミュニティ内部における学習・伝承は比較的円滑に進んでいるものと言えなくもない。しかし、伊座利集落の再創造活動の始動時には50才代前後であった地域リーダーたちも、現在は70才前後となっているにもかかわらず、始動時の地域リーダーたちは現在も地域リーダーであり、新たな地域リーダーの確保・育成が十分とは言い難い。また、国を挙げての地方創生の推進を行っている現在は、他地域との人材確保競争が激化しており、伊座利集落においても移住者確保に苦戦している状況にある。そこで原点に立ち返り、地域コミュニティや伊座利校に対する愛着のもと、新たな再創造活動に挑戦する重要性を住民が共有し、行動を起こす時期が訪れている。現在は、"次の"革新的再興期に向かって一歩踏み出しつつある状況にある。

3　フェーズ別のリーダーシップ

3.1　革新的再興期（Ⅰ）

　日向野（2018）は，「目標共有・率先垂範・同僚支援，この３つが『権限によらないリーダーシップ』の最小３要素」とし，「権限や役職に基づかないリーダーシップは，複数の人がリーダーシップを発揮する機会を生み出すことが多いので，シェアド・リーダーシップとも呼ばれる」と指摘している。伊座利集落では，強い地域愛着をもつ複数の地域住民それぞれがリーダーとなり，本音での議論を通じて目標の共有を行い，率先行動とフォロワー支援により目標の達成を図っている。伊座利集落おけるリーダーシップは，３要素すべてを含む権限によらないリーダーシップであり，典型的なシェアド・リーダーシップである。このことに関連し，富田は次のように述べている。

　　　活動を始めた頃，地域活性化のヒントを得ようと仲間とともにさまざまな先進事例の勉強をした。素晴らしい成果を上げている地域もあった。しかし，カリスマ的なリーダーの活躍が前提になっている場合もあり，我々のモチベーションは逆に下がった。なぜなら，我々の集落には思いを同じくする仲間はいたが，そうしたカリスマ的なリーダーはいなかったからだ。そこで，我々が話し合って決めたことは，無いことを求めるよりも各メンバーが得意分野で頑張るということであった。

　このように伊座利集落の再創造活動におけるリーダーシップは，シェアド・リーダーシップを基本としている。同時に，組織化プロセスの段階に応じ，リーダーシップのあり方に変化が見られるのである。まず，活動開始前の衰退・停滞期においては，住民組織としては旧来型の町内会が主要な組織であり，そのリーダーは伝統行事の実施といった限定された領域での活動調整が主な役

割であった。このことに関して，草野は次のように述べている。

> 他の集落と同様に伊座利にも町内会があり，会長には，いわゆる長老が就任し，祭事などを粛々と行っていた。町内会長は，「きまり」を守り抜くリーダーではあったが，伊座利校の廃校阻止に向けて新たなプランを練り，皆を力強く導くようなリーダーではなかった。

　このような状況に危機感を持った，同世代の複数人の仲間が中心となり，危機的状況打開のための方策を検討し，試行錯誤を繰り返しながら実行に移していった。これが革新的再興期である。図表 5-10 の「組織化のプロセスと主な再創造活動」における「Step 1 から Step 3」に相当する時期である。この革新的再興期（Ⅰ）におけるリーダーシップは，シェアド・リーダーシップと変革型リーダーシップとのハイブリッド型リーダーシップ（Ⅰ）と言える。

3.2　革新的再興期（Ⅱ）

　自律的，持続的な地域再創造のための推進体制の整備を行った，「Step 4 から Step 5」の時期がこれにあたる。複数人が連携して力強いリーダーシップを発揮し，「学校の灯を消すな！」を共通目標に，フォロワーである住民に対して，活動への参画を強く働きかけた結果，フォロワーが自らの意思で積極的に活動の輪に加わり，協議会が設立された。伊座利集落における協議会は，子どもからお年寄りまで地域住民全員が参加する組織体であり，他地域にあるような地区代表で構成される組織とは異なる。したがって，伊座利集落においては，地域コミュニティと協議会とは基本的に一致している。なお，伝統性，共同性の強い地域コミュニティが伊座利集落の特徴であり，従来型の住民組織である町内会も存在し，その組織には長老の会長もいた。そうした既存の住民組織とは別に新たな協議会を設立することは，人々に意識改革を求めることとなったことから，「簡単な話ではなかった」（草野）のである。これが実現したのは地域リーダーたちの地域愛着と危機意識，そして変革への強い決意が存在したか

らである。以上から，この革新的再興期（Ⅱ）におけるリーダーシップは，シェアド・リーダーシップと変革型リーダーシップとのハイブリッド型リーダーシップ（Ⅰ）と言える。

3.3　成長・安定期

　新たな仕組みが構築された後の「Step 6」については，協議会組織や伊座利ウェイにより，交流イベントや交流拠点の整備による創発的な価値創造を生み出す時期にあたる。この時期においては，シェアド・リーダーシップを堅持しながら，フォロワーたちの活動を下支えする，サーバント・リーダーシップに変化している。つまり，シェアド・リーダーシップとサーバント・リーダーシップのハイブリッド型のリーダーシップ（Ⅱ）が実現している。サーバント・リーダーシップを裏付けるものとして，協議会会長の坂口進の次の発言をあげることができる。

　　　会長というと，組織の一番上にいてあれこれと指図するのが普通であるが，伊座利の協議会の会長は，メンバーである住民に何か困りごとが起きたときに相談に乗るといった具合に，組織の一番下にいて皆を支える存在である。

　つまり，通常は組織の頂点に位置するのがリーダーであるが，一番下に位置するのがリーダーとの坂口会長の見解は，サーバント・リーダーシップの本質を突いた発言である。なお，この発言は富田も度々耳にしており，「実際の行動もそのとおりである」と富田は述べている。伊座利集落の安定・成長期におけるリーダーシップのあり方を表すと次のとおりである（図表5-11）。

3.4　"次の"革新的再興期

　ところが最近では他地域との競合もあり移住者が減少し，生徒数も伸び悩んでおり，また，漁業も先行き不透明である。さらに，今後，30年間に70%から

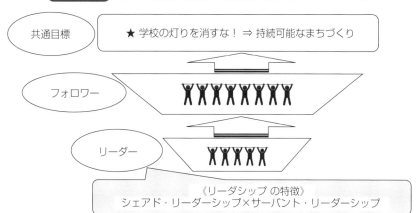

図表5-11 伊座利集落の安定・成長期におけるリーダーシップ

共通目標　　★ 学校の灯りを消すな！⇒ 持続可能なまちづくり

フォロワー

リーダー

《リーダシップ の特徴》
シェアド・リーダーシップ×サーバント・リーダーシップ

（出典）筆者作成。

80％程度の発生確率と想定されている南海トラフ地震という課題にも直面している。「Step 7 」のとおり，次の"革新的再興期への移行の必要性を認識し，行動に移している地域リーダーもいるが，協議会全体としての強い動きまでにはなっていない。住民全員が危機意識を共有し新たな挑戦に乗り出す時期にきている。

　以上，伊座利集落の再創造活動やリーダーシップのあり方について，専ら地域リーダーのたちを中心に分析をしてきた。ここで，行政，教育の代表者やフォロワー（移住者）目線での伊座利集落の再創造活動とリーダーシップについて確認する。まず，影治信良・美波町長は次のように述べている。

　　伊座利集落は，祖先から引き継いできた反骨精神をもとに，住民全員が各々の役割を果たすことで地域として生き残ってきた。個人的な好き嫌いよりも，能力の最大動員に重きを置くことで，全員で頑張ってきたということである。また，地域としてここまで頑張るから，ここは行政として応援してほしいとの姿勢は町としても有り難い。地域リーダーは複数いる。

それぞれが得意分野でリーダーシップを発揮しているように思う。私は，会長の坂口さんは「草書の人」，富田さんは「楷書の人」と表現している。草書の人とは直感を重んじ，大胆に行動する人を，また楷書の人とはルールを重んじ，慎重に行動する人の比喩として用いている。要は，多様なリーダーたちが連携してさまざまな活動を行っているということである。

このように，全員参加とシェアド・リーダーシップが機能しているというのが町長から見た評価である。

次に，教育関係者の意見を確認する。伊座利小学校長の永井武は，約10年前にも教員として伊座利小学校で勤務しており，富田も「伊座利集落を熟知している人物であり，地域の人々から信頼されている先生」と評価している。永井は次のように述べている。

　地域の人々が，「伊座利校は地域に不可欠な存在」として認識してくれている。伊座利校はコミュニティスクールであり，さまざまな学校行事を地域の人々の協力を得て実施している。協議会の坂口会長や草野事務局長などとは頻繁に相談をしている。彼らからは，地域の人々にはそれぞれの役割があり，実際に身体を動かしてくれる人だけでなく，直接活動に参画せずとも周りから学校を支えてくれる人の存在の大切さを理解するようにと言われている。こうしたことの積み重ねの結果，子供たちの地域に対する愛着も非常に強く，子供たちは，地域の人々を家族と同じように感じている。しかし，最近は他地域との競合もあり移住者が減少し，生徒数が伸び悩んでいる。伊座利のルールでは子どもだけの「漁村留学」は認めておらず，親子での移住・転校が前提となっているので，この原則は守りながら，1人でも多くの生徒を確保していきたい。

地域の人々により支えられているのが伊座利校であり，そのことにより子供たちの地域への愛着が深まっているというのが，教育関係者から見た評価であ

る。次にフォロワーのコメントである。佐藤俊伸は，大阪から家族で移住し，夫婦で漁師をしている。元々会社員であったが，仕事が忙しく，出勤時も帰宅時も子どもが寝ているという日々に，「これでいいのか」と思い悩み始めたことが移住のきっかけであった。複数箇所の候補地を探している際に，漁師ができるとの言葉を聞いたことが，伊座利移住の決め手となった。妻の理解を得るのに苦労をしながら，一家5人で引っ越しをしたのが2006年であった。

　　30歳でここに移住し，漁師となって一人前に食えるようになるのに10年かかった。移住後に生まれた一番下の子どもはすでに伊座利校の中学生であり，自分も伊座利校のPTA会長をしている。伊座利校の存在は大きく，この学校がなければ自分たちもこの場所に住んでいない。自分の子どもが伊座利校の在校生であるか否かに関わらず，地域の人々は学校行事に対して自分ができる範囲内で自然な形で協力している。協議会は住民全員参加だが，その活動は学校行事と同様に自然体の参加である。協議会の会長は「上にいる存在」ではなく，「何かあるときに頼りになる存在」である。

　地域コミュニティの再創造活動は自然体で参加し，決して無理をしないのが伊座利方式であることや，協議会のリーダーたちは，地域の人々を下支えするサーバント・リーダーであるというのがフォロワーの評価である。

4　リーダーシップ好循環モデルの有効性

　リーダーシップ好循環モデルは，権限によらないリーダーシップであり，社会の環境変化に適応して，リーダーシップもまたダイナミックに変化させていくことで好循環をもたらすリーダーシップモデルである。すなわち，①革新的再興期には，シェアド・リーダーシップと変革型リーダーシップのハイブリッド型リーダーシップ（Ⅰ）が有効であること，②成長・安定期には，シェアド・リーダーシップとサーバント・リーダーシップのハイブリッド型リーダーシップ（Ⅱ）が有効であること，③"次の"革新的再興期を目指すには，シェアド・リーダーシップと変革型リーダーシップとのハイブリッド型リーダーシップ（Ⅲ）に切り替える必要があること，を特徴としている。

　一方，伊座利集落の再創造活動におけるリーダーシップは次のとおりである。①地域リーダーたちが発揮するリーダーシップであり，権限によらないリーダーシップである。②複数リーダーによるシェアド・リーダーシップが発揮されている。③革新的再興期のリーダーシップ・スタイルは，シェアド・リーダーシップを基本とした変革型リーダーシップである。④成長・安定期に移行した後は，シェアド・リーダーシップを基本としたサーバント・リーダーシップである。⑤"次の"革新的再興期への移行の必要性を認識し行動に移している地域リーダーもいるが，協議会全体としての強い動きまでにはなっていない。したがって，リーダーシップ好循環モデルのハイブリッド型リーダーシップ（Ⅲ）への確かな変化は現時点では確認できていない。

　以上から，伊座利集落の再創造活動について，当初の革新的再興期及び安定成長期においては，リーダーシップ好循環モデルの応用モデルの有効性が確認された。ただし，"次の"革新的再興期に移行するためのリーダーシップへの確かな変化は現時点では確認されていないことから，リーダーシップ好循環モデルの応用モデルの有効性については，「概ね支持された」と結論づけるのが妥当である（図表5－12及び5－13）。

図表 5 − 12　リーダーシップ好循環モデルの応用モデルによる分析

（応用モデル）　　　　　　　　　　（事　例）

"次の"革新的再興期	ハイブリッド型リーダーシップ（Ⅲ）(SL×TFL)へ移行 ・硬直化現象を打破する地域プラットフォームへ改革 ・学習・伝承システムによる次代への知見・ノウハウ伝承	ハイブリッド型リーダーシップ（Ⅲ）(SL×TFL)への確かな移行は確認できていない。 ・新たな交流イベントの開催，交流拠点「よろずや」開設などを実現。
安住すれば衰退 成長・安定期	ハイブリッド型リーダーシップ（Ⅱ）(SL×SVL)へ移行 ・成長・安定を維持する地域プラットフォームの構築 ・創発的価値創造活動に伴う知見・ノウハウの蓄積	ハイブリッド型リーダーシップ（Ⅱ）(SL×SVL)を発揮 ・伊座利ウェイ定着ための地域プラットフォーム「伊座利の未来を考える推進協議会」の体制強化。 ・交流の場「イザリカフェ」の開設。 ・創発的価値創造活動に伴う知見・ノウハウの蓄積。
失敗すれば衰退 革新的再興期	ハイブリッド型リーダーシップ（Ⅰ）(SL×TFL)の発揮 ・衰退・停滞を打破する地域プラットフォームの構築 ・知見・ノウハウ蓄積のための学習・伝承システムの構築	ハイブリッド型リーダーシップ（Ⅰ）(SL×TFL)を発揮 革新的再興期（Ⅰ） ・地域リーダーらが危機的状況打開のため「学校の灯を消すな！」を共通目標に設定。住民参加のもと「おいでよ海の学校」を開催。 革新的再興期（Ⅱ） ・住民全員参加の地域プラットフォーム「伊座利の未来を考える推進協議会」の設立。 ・試行錯誤による知見・ノウハウの蓄積。
動かなければ崩壊 衰退・停滞期	衰退・停滞期からの脱却 ・地域リーダーたちの地域に対する強い愛着 ・フォロワーとの組織・集団の共通目標や危機意識の共有 ・自律・分散・協調的活動の促進	衰退・停滞期からの脱却 ・右肩下がりの人口→伊座利校廃校の可能性。 ・旧来の町内会リーダーは伝統慣習領域でのリーダーシップは発揮できても，伊座利校存続への新たな対応ができない。50才前後の思いを同じくする新たな地域リーダーによる危機意識の共有と共通目標の設定。

（注）リーダーシップ・スタイル：変革型＝TFL，サーバント＝SVL，シェアド＝SL。
（出典）筆者作成。

図表 5 −13　リーダーシップ好循環モデルの応用モデル参考図による分析

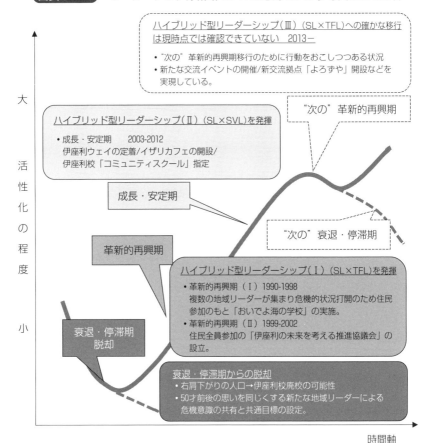

ハイブリッド型リーダーシップ（Ⅲ）（SL×TFL）への確かな移行は現時点では確認できていない　2013−

・"次の" 革新的再興期移行のために行動をおこしつつある状況
・新たな交流イベントの開催/新交流拠点「よろずや」開設などを実現している。

大

活
性
化
の
程
度

小

ハイブリッド型リーダーシップ（Ⅱ）（SL×SVL）を発揮

・成長・安定期　　2003-2012
　伊座利ウェイの定着/イザリカフェの開設/
　伊座利校「コミュニティスクール」指定

成長・安定期

革新的再興期

衰退・停滞期
脱却

"次の" 革新的再興期

"次の" 衰退・停滞期

ハイブリッド型リーダーシップ（Ⅰ）（SL×TFL）を発揮

・革新的再興期（Ⅰ）1990-1998
　複数の地域リーダーが集まり危機的状況打開のため住民参加のもと「おいでよ海の学校」の実施。
・革新的再興期（Ⅱ）1999-2002
　住民全員参加の「伊座利の未来を考える推進協議会」の設立。

衰退・停滞期からの脱却

・右肩下がりの人口→伊座利校廃校の可能性
・50才前後の思いを同じくする新たな地域リーダーによる危機意識の共有と共通目標の設定。

時間軸

（注）リーダーシップ・スタイル：変革型＝TFL，サーバント＝SVL，シェアド＝SL。
（出典）筆者作成。

5　まとめ

　「地域は小さくても，みんなの故郷を愛する気持ちは一番。何としても存続させなければならない。伊座利の灯りよ永遠に！」と，伊座利校の女子生徒が作文を書き文部大臣奨励賞を受賞したのが2000年である。それ以来20年，伊座利ウェイとそれを機能させるリーダーシップは受け継がれ，再創造活動は脈々と続いている。本章では，伊座利集落の再創造活動を対象に，リーダーシップ好循環モデルの応用モデルの有効性について検証を行った結果，「概ね支持された」と結論づけた。以上を総括したものが次頁図表5-14である。

　なお，表中の「リーダーシップ好循環モデルとの適合性」に関して，総合的な判断については，「支持された」「概ね支持された」「部分的に支持された」「支持されなかった」の4分類とした。また，個別項目は，「変化する」「権限によらない」「自律・分散的」「協調的」という各要素について，その程度が，「高い」「普通」「低い」の3分類とし，それぞれ，高いは「◎」，普通は「○」，低いは「△」とした。なお，これら表記は他事例の総括の場合も同様とする。

●注

1　調査にあたっては，地域コミュニティの再創造活動に関わった複数の地域リーダーやフォロワー，行政や教育関係者などに対して，2015年9月から2019年11月までの間で複数回にわたりインタビューを実施し，可能な限り多角的な視点から分析を試みている。なお，インタビューは同一人物について複数回実施したものもあるが，同一趣旨の発言の場合は直近の発言をもとに記述している。インタビューの日時は，第4章の「事例調査対象及び資料収集」（78頁）において総括的に記載している。なお，文章中の役職については，特に断りがない限り，最新のインタビュー時点のものを表記している。このことについては次章以降も同様である。

図表 5 － 14　　実証分析対象の事例総括表（伊座利集落の事例）

理念・発展形態	リーダーシップの特徴	リーダーシップ好循環モデルとの適合性	地域プラットフォームの特徴
学校の灯りを消すな！ 都市－農山漁村交流による交流型内発的発展	・「学校の廃止は集落の消滅」という危機意識をもった複数の地域リーダーが連携して再創造活動に挑戦。その局面では，ハイブリッド型リーダーシップ（Ⅰ）（SL×TFL）を発揮。 ・その後，住民全員参加の「伊座利の未来を考える推進協議会」を発足させた後は，ハイブリッド型リーダーシップ（Ⅱ）（SL×SVL）に移行。 ・移住者の伸び悩みもあり，"次の"革新的再興期に移行するための行動も見られる。しかし，協議会全体としての本格展開はこれからであり，ハイブリッド型リーダーシップ（Ⅲ）（SL×TFL）への確かな変化は確認できていない。	総合的判断 ＝概ね支持された ・変化する＝○ →行政依存による課題解決を目指す外来的発展から，地域外のパワーも活用した新しい内発的発展の局面ではハイブリッド型リーダーシップ（Ⅰ）（SL×TFL）。その後，再創造活動の仕組みが構築された後は，ハイブリッド型リーダーシップ（Ⅱ）（SL×SVL）に移行。都市－農山漁村交流による効果（移住促進）が地域間競争により縮小していることから，新たな取組も一部には出てきてはいるが，ハイブリッド型リーダーシップ（Ⅲ）（SL×TFL）への確かな変化までには至っていない。 ・権限によらない＝◎ →住民全員参加を特徴する再創造活動であり，公式的な権限によるリーダーシップは存在しない。 ・自律/分散的＝○ ・協調的＝◎ →他地域と物理的距離が離れた小規模漁村という地理的・社会的特性から，個々の構成員の自律性を大切にしつつも，全体としての協調的活動をより重視している。	・「伊座利の未来を考える推進協議会」が地域プラットフォームの役割を果たす。その特徴は，住民主体，住民全員参加による活動にある。 ・地域プラットフォームに参画するには，伊座利集落への移住が前提となる。また，移住者と協議会のリーダーと学校教員との合同面談がある。ただし，神山町や美波町のように参画に当たっての専門的スキルを要求されず，むしろ，伊座利集落のもつ組織文化への適合性が重視される。

（出典）筆者作成。

第 **6** 章

上勝町の事例
─葉っぱビジネスによる
地域コミュニティの再創造─

1　調査概要

1.1　調査目的及び調査方法

　徳島県内には，急速な過疎化の中で，地域住民が主体となって地域資源を活用した独自の生産・販売システムを構築し，地域コミュニティの再創造に寄与している事例がある。その好例が上勝町の「葉っぱビジネス」である。上勝町は県内24市町村の中で，人口が最少で約1,500人，高齢化率は50％を超え県内トップという典型的な過疎自治体である。数値だけで見れば将来の地域コミュニティの存続が危ぶまれる訳であるが，2018年，国によって「SDGs未来都市」に選定された。その選定理由の１つが，葉っぱビジネスにある。

　野中・廣瀬・平田（2014）は，「ある地域や組織において構築されている人々の相互関係を，新たな価値観により革新していく動き」をソーシャル・イノベーションと定義した。葉っぱビジネスによる地域コミュニティの再創造活動は，ソーシャル・イノベーションそのものと言える。なぜ，このようなソーシャル・イノベーションが生まれたのかを活動の始動時まで遡り明らかにする。そして，葉っぱビジネスの提唱者である横石知二のリーダーシップと，再創造

活動の展開との関係性を分析することで，リーダーシップ好循環モデルの有効性の検証を行うことが本章の目的である[1]。

1.2　葉っぱビジネスに関する先行研究

　上勝町の葉っぱビジネスは，全国の地域再創造活動の先駆けとなった事例でもあり，横石自身の著作[2]のほか数多くの研究が行われている。野中（2008）及び野中 *et al*（2014）は，ソーシャル・イノベーションとしての葉っぱビジネスのもつ特徴を分析し，新たな価値創造のための自律分散型組織を構築するプロセスや重要性について指摘をしている。國領・飯盛（2007）は，地域情報化の観点から葉っぱビジネスの特徴を指摘している。また，小川・遊橋・西垣（2016）も，ICT基盤を活用したソーシャルビジネスという視点から葉っぱビジネスを考察している。辻田（2016），石川（2015）は，地域ブランディングの視点から葉っぱビジネスを取り上げ，上勝町の注目されているもう一つの取組であるゼロ・ウェイスト運動[3]も含めながら分析をしている。柴田（2014）は，地域福祉におけるコミュニティ・ビジネスの視点から考察を行い，田井・松永（2009）は，高齢者の自立による新たな福祉サービスの提供という高齢者の働きがい，生きがい創出という視点から葉っぱビジネスの研究を行っている。武田・近藤（2008）の社会起業家としての横石にフォーカスした研究もある。

　このように葉っぱビジネスに関する研究は多岐にわたっている。しかし，本書の主たる目的である，リーダーシップのあり方と地域再創造活動との関連性を対象とした研究は，現時点では確認できていない。

1.3　上勝町及び葉っぱビジネスの概要

　上勝町は，徳島市から車で70分程度の山間部に位置する自治体である（図表6－1）。周囲を山に囲まれ，面積の約90%が山林で，そのほとんどが杉や檜の針葉林である。かつては林業で栄え，1950年代には6,000人以上が暮らしていたが，1964年の木材輸入全面自由化によって急速に林業が衰退し，それに伴い人口が減少し高齢化率は上昇していった（図表6－2）。新たな収入源とし

図表 6 − 1　　上勝町の位置

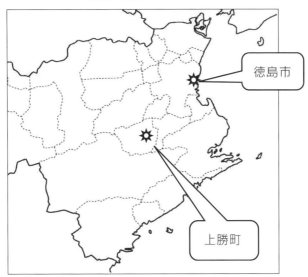

徳島市

上勝町

（出典）筆者作成。

図表 6 − 2　　上勝町人口動態（単位：年・人）

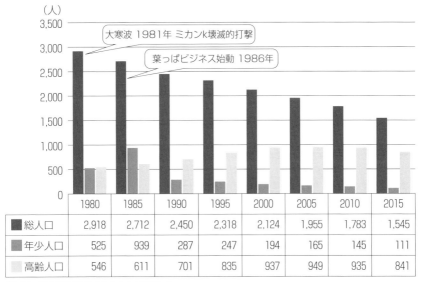

（人）	1980	1985	1990	1995	2000	2005	2010	2015
■総人口	2,918	2,712	2,450	2,318	2,124	1,955	1,783	1,545
■年少人口	525	939	287	247	194	165	145	111
□高齢人口	546	611	701	835	937	949	935	841

大寒波 1981年 ミカンk壊滅的打撃

葉っぱビジネス始動 1986年

（出典）総務省国勢調査をもとに筆者作成。

てミカン栽培を行ってきたが，1981年2月の大寒波によって栽培面積の約80%，金額にして約25億円という致命的な被害を受け，この課題解決のためにさまざまな取組が実行されていった。その中にあって大きな成果をあげたのが，葉っぱビジネスであった。

2　地域コミュニティの再創造活動

2.1　組織化のプロセスと主な再創造活動

2.1.1　葉っぱビジネスとは何か

　葉っぱビジネスは，約30年前に横石が農協職員の時代に，「彩（いろどり）」の名のもとで4名の生産農家とともに始めた，地域資源活用型のビジネスである。日本料理に彩りや季節感を添える「つまもの」を，栽培，集出荷，販売するもので，「つまもの」の種類は，ナンテン，モミジ，カキなどの葉っぱもののほか，サクラ，ウメ，ボケなどの花ものや，ヒイラギ，ユズリハなどの祭事ものを合わせて，現在，約320種類までになっている。葉っぱビジネスは，商品が軽量であり，女性や高齢者でも取り組めることもあり，高齢化が進む上勝町においても成立するビジネスモデルである。葉っぱビジネス全体としての売上高は約2億5,000万円，中には，年間売上が1,000万円を超える生産農家も存在しているとの話もある。そして，葉っぱビジネスは，高齢者に収入だけではなく生きがいを与え，結果的に医療費の削減までの効果をもたらしている。葉っぱビジネスは，「産業福祉」との横石の発言は，県内で高齢化率がトップの自治体でありながら，1人当たりの医療費が県内で最低レベルにあるということをからも裏付けることができる。このように社会課題解決と経済的価値を追求するソーシャルビジネスが「葉っぱビジネス」である。成功のポイントは，「なにもない」と言われてきた過疎地域に存在する，潜在的な地域資源を掘り起こし，磨きをかけ，新たな価値創造を行った点にある。その地域資源とは，1つ目は，「狐や狸ではあるまいし，葉っぱが金に変わるか」と地域の人々か

ら嘲笑され，ほとんど見向きもされることのなかった身近にある葉・花などである。2つ目は，知識や技能がありながら，その能力が十分生かされていない高齢者，特に女性の力である。

2.1.2　未利用資源を価値に変えるもの

　ビジネスの成功の秘訣は，情報を新たな価値に変えることにある。身近な未利用資源と情報を掛け合わせて価値に変えていく基盤が，「上勝情報ネットワーク・システム（以下「ネットワーク・システム」。）である。過疎地域の弱点は，市場やビジネスパートナーとの物理的な距離による情報の遅れや時間コストの壁である。これを克服したのがパソコンやスマートフォン，タブレット端末で繋がるネットワーク・システムである（図表6‐3）。生産農家は，情報端末を駆使し，ネットワーク・システムから入る全国の市場情報をもとに作戦を練り，市場が求める葉・花などを全国に出荷している（図表6‐4）。

　こうした「個」としての生産農家の努力に加え，㈱いろどりが，時代の流れを察知して，ネットワーク・システムを常に改善している点も特筆すべき事柄である[4]。数度のシステム改善を経て，2017年から無料通信アプリのLINE（ライン）を活用した販売情報システムが稼働を始めた。生産者，市場の卸売業者らが注文や出荷などの情報を同時に共有でき，円滑な取引に寄与している。新システムの画面には，約320種類ある商品の値段・サイズ・出荷可能な時期などの情報が表示され，それをもとに仲卸業者や卸売業者が商品を注文する。注文内容はLINEやメールで，㈱いろどり，彩部会の生産農家，JA上勝支所の3者に即座に配信される仕組みである。生産農家は現場に携帯したスマートフォンから情報を得て，直ちに収穫や出荷の作業を始められることから，市場ニーズに合った，付加価値の高いビジネスに繋げることが可能となっている。

2.1.3　競争と共創

　葉っぱビジネスが，30年を超えて継続しているのは，「競争」と「共創」という一見すると相反する要素を上手く組み合わせているからである。まず，

図表 6 - 3　上勝情報ネットワーク・システム

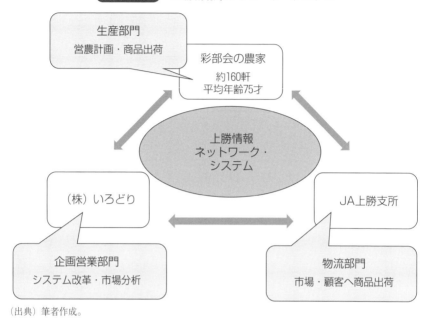

（出典）筆者作成。

図表 6 - 4　全国に出荷される商品「彩」

（出典）筆者撮影（2019年11月15日，JA上勝支所の集出荷場）。

「競争」についてである。ネットワーク・システムを通じて，生産農家は彩部会メンバー間における自身の売上順位を確認できる。「一番になりたい」という気持ちは，年齢を問わず持つ，ある意味人間の本性であり，このことがモチベーションを高め，持続可能な葉っぱビジネスの大きなパワーとなっている。次に，「共創」についてである。葉っぱビジネスは，異なる組織や集団に属する人々の協働により実現しているところに特色がある。すなわち，会社組織で言えば㈱いろどりは企画営業部門を，JA彩部会に属する農家は生産部門を，そして，JA上勝支所は物流部門の役割をそれぞれ担っている。そして，それらを繋げ，あたかも一つの会社組織のように機能させているのが，前述のネットワーク・システムである。

　以上のように，葉っぱビジネスの本質は，個々の頑張りを引き出す「競争システム」と，異なる組織や集団をICTの活用により組織化するという「共創システム」が両立しているところにある。

2.1.4　組織化のプロセスと主な再創造活動

　葉っぱビジネスは，その提唱者の横石の活動とともに成長・発展を遂げてきた。葉っぱビジネスの始動時から現在に至るまでのプロセスを，横石の活動と関連づけながら整理したものが図表6－5である。

図表6－5　組織化のプロセスと主な再創造活動

（革新的再興期Ⅰ）1979－1987
Step 1　「よそ者」としての活動　1979－1980
・1979年，横石は，徳島県立農業大学校を卒業後，上勝農業協同組合（現・東とくしま農業協同組合）の営農指導員として採用された。採用にあたっては，横石が徳島市に居住する「よそ者」であることから，町内からは反対の声もあった。しかし，組合長らの「よそ者の視点を重視する」という判断により採用が決まった。横石は地元住民の拒絶反応の中での職務遂行となる。

Step 2　ピンチをチャンスに切り替える　1981-1985
・1981年，大寒波が襲い，基幹産業である温州ミカン栽培が壊滅的なダメージを受ける。営農指導員であった横石は，青物野菜の栽培に目をつけ，品目拡大による売上増を実現し，住民の信頼を得る。横石は当時を振り返り，「寒害から復興する頃が，私自身，一番猛烈に働いていた時期」とし，「このときに農家との信頼関係が生まれたことが，後になって『彩』事業に繋がった」と述べている。さらに，「この事件がなければ変革が実現できなかったと思う」とも述べている。ピンチをチャンスに切り替えたのである。

Step 3　葉っぱビジネスの着想と試行錯誤　1986-1987
・1986年，大阪の市場に農産物を卸した帰りに，和食店「がんこ寿司」に立ち寄った。その店に偶然居合わせた女性客の会話から，葉っぱビジネスの着想を得る。上勝に帰った横石は，新たな着想を関係者に話をするが，「狸や狐じゃあるまいし葉っぱが金にばけるか」との冷たい反応ばかりが返ってきた。その後，粘り強い説得により4人の女性生産農家の協力を得ることができ，1987年2月から「彩」という商品名のもと大阪の市場に出荷した。しかし，採算に見合う値段がつくことはなかった。そこから横石の，自腹での「料亭通い」による商品開発が始まる。

（革新的再興期Ⅱ）1988-1995
Step 4　葉っぱビジネス普及拡大のための組織化　1988-1995
・横石らの努力の成果も出始め売上も伸びていくにつれ，1988年には生産農家が44軒に達した。JAに「彩部会」も設置され組織的な対応がなされるようになった。その後，1989年には取扱農家が100軒を超え，さらに1991年には166軒，売上高も5,000万円超となった。
・1992年，防災無線を活用したFAX通信を導入し，情報共有のための労力や伝達時間の大幅な削減が図られるようになった。葉っぱビジネスの生産販売の効率化に，情報通信技術を活用する最初の一歩となったのである。

（安定・成長期）1996-2014
Step 5　葉っぱビジネスの成長と転機　1996-1998
・1996年，売上高も1億円を超え，葉っぱビジネスの仕組みも概ね完成し，自転するようになってきたことから，横石は徳島市内の民間企業への転職を決意し，農協に退職を申出て受理された。しかし，農家の人々の強い慰留と妻の助言により結局は残留を決めた。この時，農家の人々の先頭にたって慰留したのが，彩部会長の下坂美喜江であった。その後，当時の山田良夫町長の決断により，農協職員から上勝町職員（産業課課長補佐）への異例の転籍となった。

Step 6　葉っぱビジネスの更なる成長に向けた体制強化　1999-2014
・1999年，第3セクター「㈱いろどり」が設立された。資本金の70%を上勝町が，残りの30%は同じく3セク方式で設立されたシイタケ栽培・販売会社の㈱上勝バイオが出資した。そして，会社の運営費は，彩部会などJAの全部会が負担することとなった。この運営費を農家の売上の一部から供出するというのは，全国でもほかに例がない方式であった。横石は，㈱いろどりの実質責任者にも抜擢された。そして最初の仕事が，パソコンを活用した「上勝情報ネットワーク・システム」の構築であった。
・2004年，葉っぱビジネス開始から19年目にして累積売上高20億円に達した。全国シェアも80%となり契約農家も190軒となった。一方で，生産農家の平均年齢も70才となり，それ

以降年々上昇していくこととなる。

（"次の"革新的再興期）2015－
Step7　彩山構想／SDGsによる新たな展開　2015－
・2015年，スギの人工林を広葉樹に変えて山を再生し，地域振興につなげる「彩山（いろどりやま）」構想が実現へ動き出す。売上高は2億5,000万円前後で安定的に推移している。しかし，生産者の高齢化が進み，65歳以上が90%近くを占めるようになった。高齢で農家をやめていく人が増えており，担い手の確保・育成が喫緊の課題となっている。こうした状況を踏まえ，生産農家の新規参入の促進のため，海外市場への展開や，彩山を整備して生産量を増やし，収入を向上させる取組が始まっている。そして，2018年，国により上勝町が「SDGs未来都市」に選定される。その選定の重要な判断材料として，葉っぱビジネスとゼロ・ウェイストの活動が挙げられている。現在，横石はSDGsの流れを，新たな葉っぱビジネス展開の起爆剤にすべく，日々精力的な活動を行っている。

（出典）筆者作成。

2.2　再創造活動を支える重要な要素

　新しい地域コミュニティの構築や維持にとって，重要な要素となる「地域愛着」「地域プラットフォーム」「学習・伝承システム」の3点について，上勝町の葉っぱビジネスの展開においてどのような関連を有するのかを確認する。

2.2.1　地域愛着

　葉っぱビジネスは，上勝町の基幹産業の農業（ミカン栽培）が，大寒波により壊滅的打撃を受けたことを契機に始まった，ソーシャル・イノベーションである。そして，新たな取組の提唱者は，上勝町の住民ではなく，上勝町に拠点を置く農協組織の社員としての横石であった。地域コミュニティの存続に危機感を持つ地域住民がまず立ち上がり，再創造活動を行うといった他の事例とは異なるプロセスを経ている。とは言え，最終的には，生産農家など地域住民が主体となった，内発的な発展の形態をとっていることには相違はない。横石（2007）は，農協職員として赴任した当時の上勝町のことを，田舎特有の負け意識が充満しており，「とんでもないところに来たなぁ」と感じたと述べている。ネガティブな印象からスタートした上勝町での活動が，地域の存続を揺るがしかねない深刻な課題に正面から立ち向かうことで，地域の人々，とりわけ

高齢の生産農家との仕事を超えた信頼関係の構築に繋がっていった。その流れは，「・上勝農協営農指導員として赴任→・よそ者への冷たい目線と閉塞した地域風土→・基幹産業の壊滅的打撃→・課題解決に全力で取り組むことで小さな成功の積み重ね→・生産農家など関係者との信頼関係を構築→・葉っぱビジネスを着想し猛反対にあいながらも４人の支持者とともに実践→・試行錯誤のもとで着実な成果を挙げることで参加者増加→・一定の仕組みが出来上がったことから農協へ辞職の申出→生産農家の強い慰留→・３セク会社の実質的な責任者に就任」といったものである。横石は，地域愛着から葉っぱビジネスを始めた訳ではない。葉っぱビジネスを成功させるプロセスにおいて，地域で暮らす人々の地域愛着を呼び戻し，それが再創造活動のエネルギーとなって成果に結びついているのである。横石（2007）は，「帰れと言われてあれから28年[5]になるが，いまもずっと上勝で働き続けている」と述べている。そして，その理由としては，「上勝の地域というよりは，上勝の地域の人々に対する愛着である」（横石）と筆者のインタビューに答えている。

2.2.2　地域プラットフォーム

　地域プラットフォームとは，多様な主体の協働を促進するコミュニケーションの基盤となる仕組みである。葉っぱビジネスは，㈱いろどり，生産農家集団の彩部会，JA上勝支所という異なる組織や集団の協働によって展開されている。この協働を可能としているのが，全体的な調整役を担う㈱いろどりと，情報共有のためのネットワーク・システムの存在である。こうした異なる組織や集団に属する多様な人々の交流を促進するだけでなく，商品の安定供給や品質管理が求められる地域資源活用型ビジネスの創出のための基盤となる仕組みが，葉っぱビジネスを支える地域プラットフォームである。

2.2.3　学習・伝承システム

　葉っぱビジネスは，異なる組織・集団に属する人々の協働により実現しているということは前述のとおりである。したがって，葉っぱビジネスの展開を通

図表 6 - 6　「彩部会」会員の年齢別分布状況（2017年 6 月現在）

年　齢（歳）	～59	60～79	80～	計		うち移住者
農家数（軒）	27	123	15	165	平均年齢75歳	5

（注）年齢は「彩部会」に会員登録している代表者のもの。
（出典）筆者作成。

じての学びや，知見・ノウハウの伝承はそれぞれの部門において組織的になされ，蓄積されている。課題は各部門における担い手確保に不安要素を抱えていることである。すなわち，㈱いろどりには，横石の後継者が定まっていない。また，生産農家集団の彩部会には一部移住者の参入も見られるが全体としては少なく，高齢化による人材不足が顕在化しつつある（図表 6 - 6）。さらに，JA上勝支所については，将来，農協経営の動向によっては支所そのものの統廃合の可能性も否定できない。以上のように学習・伝承システムは現時点ではそれなりに機能しているものの，将来を見通したとき決して盤石なものとは言えない。

3　フェーズ別のリーダーシップ

3.1　革新的再興期（Ⅰ）－（Ⅱ）

　葉っぱビジネスを核にした地域コミュニティの再創造活動は，周囲の反対の声の中で取り組まれたソーシャル・イノベーションである。この変革は，横石の大胆な着想力と果敢な行動力なくしては実現していない。この時期に，横石が発揮したリーダーシップ・スタイルは，典型的な変革型リーダーシップであり，複数のリーダーが協働して発揮するシェアド・リーダーシップとは異なる。横石のリーダーシップのもとゼロからスタートし，試行錯誤を繰り返しながら，葉っぱビジネスの自律的な展開のための「彩部会」の設置や，防災無線を活用したFAX通信による情報共有の促進など組織化を進めていったのがこの時期

にあたる。これは図表 6 － 5 の「Step 1 から Step 4」に相当する。

3.2　成長・安定期

　売上高も 1 億円を超えたことを受け，横石は民間企業への転職を決意したが，農家の人々の強い慰留や妻の助言により残留を決めた。その後，㈱いろどりの実質責任者に抜擢され，ネットワーク・システムを構築し，葉っぱビジネスの持続可能性を担保するための仕組みが一応の完成を見た。このことにより，革新的再興期において横石が発揮した変革型リーダーシップは，安定・成長期に移行することに伴いサーバント・リーダーシップに変化していく。

　このリーダーシップの移行に関連して，野中（2008）は，「横石自身の役割も大きく変わった。立ち上げのころは先頭に立って引っ張った。やがて事業が軌道に乗り，自身は転進を考えた。（中略）これまでと同じリーダーはもう必要ない。個に焦点をあてた背景には自分と生産者たちの関係の変化もあった」とし，次の横石の発言を引き出している。

　　　引っ張るリーダーから，組み立ててみんなを持ち上げるプロデューサー
　　への転換です。オレについてこいと強引に引っ張って，みんながついてき
　　たのは，つまものが儲かったからです。でも，その構図だけでは長続きし
　　ない。もし，内部で問題が起きたとしたら，権限も予算ももたない僕は
　　リーダーを務めることはできなかったでしょう。

　儲かったからフォロワーがついてきたというのは，横石の謙遜的表現である。彼が掲げるビジョンと真摯に取り組む姿に魅了されて，多くのフォロワーがついていった訳であり，葉っぱビジネスの立ち上げ時のリーダーシップは変革型リーダーシップである。そして，葉っぱビジネスの仕組みが完成した後においては，横石が「みんなを持ち上げるプロデューサー」と表現するサーバント・リーダーシップに移行しているのである。このリーダーシップの移行について，横石はインタビューにおいて次のとおり述べている。

　　リーダーシップには自分のやりたいことを叶えるためのリーダーシップ
と，地域の人々のために発揮するリーダーシップとの 2 つがある。この時
期に，私は地域の人々のためのリーダーシップに移行すると決意した。

　また，組織化により葉っぱビジネスは，㈱いろどり，彩部会，JA上勝支所
の異なる組織体が，あたかも 1 つの協働事業体のように機能することで成長し
ていくこととなる。㈱いろどりには社長が，彩部会には部会長が，JA上勝支
所には支所長が存在しており，3 者の関係は対等・協力である。すなわち，そ
れぞれの得意分野でリーダー的役割を担う，広義のシェアド・リーダーシップ
を発揮している。横石が「オレについてこい」といったリーダーシップ・スタ
イルをとっているのとの見方もあるが，横石が持つ権限は㈱いろどりの社長と
しての10人にも満たない社員に対するものでしかない。そして，㈱いろどりは，
葉っぱビジネス全体から見れば企画営業部門を担当しているにすぎず，生産部
門のリーダーは彩部会の部会長であり，物流部門のリーダーはJA支所長なの
である。このように異なる組織・集団のリーダーが共創的システムの中で各々
の役割を担っているという意味において，広義のシェアド・リーダーシップが
機能しているのである[6]。これは図表 6 - 5 の「Step 5 からStep 6」に相当す
る時期である。

3.3　"次の"革新的再興期

　売上高は 2 億5,000万円前後で推移している。しかし，高齢を理由に農家を
やめていく人が増えている。海外輸出戦略での需要拡大や，「彩山」を整備し
て生産量を増やし，売り上げを伸ばすことで収入を安定させる取組は，生産農
家の確保・育成を意図するものである。彩部会長の浦田和志[7]は次のとおり述
べている。

　　葉っぱビジネスの課題は 2 つあり，1 つ目は生産量の確保でありそのた
　めの生産農家の確保・育成である。2 つ目は品質管理の徹底である。「葉っ

ぱ」というが，単純に山から葉っぱを取ってきて販売するというのではな
く，技術に裏付けされた農業である。一定の収入を得るには栽培技術や適
地がいるし時間も必要となる。簡単には新規参入はできない。このハード
ルを下げるための方策を，㈱いろどりやJA上勝支所と検討しているとこ
ろである。多くの発注をいただいているが生産が追いつかない。全国のつ
まものシェアの約70％は「彩」ブランドで占めていることもあり責任の重
さを感じている。また，必要とされるものを必要とされる水準の品質で提
供することが我々の責務である。「葉っぱに小さな穴が１つあいてるだ
け」といった甘えは許されない。部会として，ルールとチェック体制を，
㈱いろどりとJA上勝支所との連携により構築し，品質管理の精度を高め
ていく必要があると考えている。約160軒，約300人が葉っぱビジネスの生
産に関わっているが，皆一人親方であり部会長といっても強制力がある訳
でない。粘り強く生産農家にお願いしていくしかないと思っている。

　以上のように，葉っぱビジネスの立ち上げ時とは違った難しさに直面してい
るのが現状である。海外輸出やSDGs未来都市の指定を契機とした新たな市場
開拓に着手したところである。すなわち，現時点では，“次の”革新的再興期
の実現のための，シェアド・リーダーシップを基本とした変革型リーダーシッ
プへの確かな移行は確認できていない。

4　リーダーシップ好循環モデルの有効性

　ここで葉っぱビジネスを対象としたリーダーシップ好循環モデルの応用モデ
ルの有効性について検証を行う。まず，第１に，葉っぱビジネスの立ち上げか
ら一定の枠組みが完成するまでの革新的再興期においては，提唱者である横石
を中心として活動が展開しており，そのリーダーシップ・スタイルは変革型
リーダーシップである。第２に，安定・成長期に移行した後は，横石が意識的
にリーダーシップ・スタイルをサーバント・リーダーシップに変化させている。

図表6−7　リーダーシップ好循環モデルの応用モデルによる分析

（応用モデル）　　　　　　　　　　　　　（事　例）

"次の"革新的再興期

| ハイブリッド型リーダーシップ（Ⅲ）(SL×TFL) へ移行・硬直化現象を打破する地域プラットフォームへ改革・学習・伝承システムによる次代への知見・ノウハウの伝承 | ハイブリッド型リーダーシップ（Ⅲ）(SL×TFL) への確かな移行は現時点では確認できていない。・海外輸出の展開，SDGsと関連づけた取組，「彩山構想」の実践など新たな展開が見られる。 |

安住すれば衰退

成長・安定期

| ハイブリッド型リーダーシップ（Ⅱ）(SL×SVL) へ移行・成長・安定を維持する地域プラットフォームの構築・創発的価値創造活動に伴う知見・ノウハウの蓄積 | ハイブリッド型リーダーシップ（Ⅱ）(SL×SVL) へ移行（ただし，広義のSLを基本としたSVLの発揮）・異なる組織体を繋げる地域プラットフォーム「上勝情報ネットワーク・システム」の構築・「(株)いろどり」設立によるノウハウ蓄積 |

失敗すれば衰退

革新的再興期

| ハイブリッド型リーダーシップ（Ⅰ）(SL×TFL) の発揮・衰退・停滞を打破する地域プラットフォームの構築・知見・ノウハウ蓄積のための学習・伝承システムの構築 | 横石を中心としたTFLの発揮・革新的再興期（Ⅰ）・大寒波被害による代替作物の提案と実践・葉っぱビジネスの着想と実践・革新的再興期（Ⅱ）・生産農家で「彩部会」設立・防災無線活用による情報共有 |

動かなければ崩壊

衰退・停滞期

| 衰退・停滞期からの脱却・地域リーダーたちの地域に対する強い愛着・フォロワーとの組織・集団の共通目標や危機意識の共有・自律・分散・協調的活動の促進 | 衰退・停滞期からの脱却・よそ者による改善提案への拒否感・基幹産業の壊滅的打撃→変革へ着手（＊ピンチをチャンスに） |

（注）リーダーシップ・スタイル：変革型＝TFL，サーバント＝SVL，シェアド＝SL。
（出典）筆者作成。

図表6－8　リーダーシップ好循環モデルの応用モデル参考図による分析

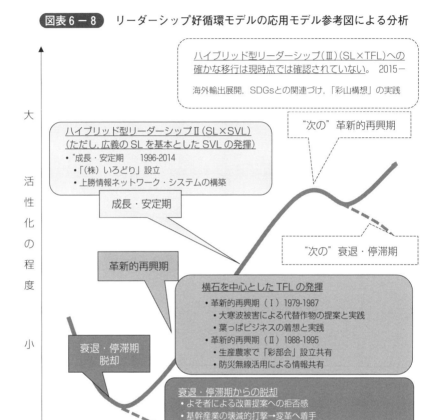

大

活

性

化

の

程

度

小

　ハイブリッド型リーダーシップ（Ⅲ）（SL×TFL）への
　確かな移行は現時点では確認されていない。 2015－
　海外輸出展開，SDGsとの関連づけ，「彩山構想」の実践

"次の" 革新的再興期

　ハイブリッド型リーダーシップⅡ（SL×SVL）
　（ただし，広義の SL を基本とした SVL の発揮）
・"成長・安定期　　1996-2014
　・（株）いろどり」設立
　・上勝情報ネットワーク・システムの構築

成長・安定期

"次の" 衰退・停滞期

革新的再興期

　横石を中心とした TFL の発揮
・革新的再興期（Ⅰ）1979-1987
　・大寒波被害による代替作物の提案と実践
　・葉っぱビジネスの着想と実践
・革新的再興期（Ⅱ）1988-1995
　・生産農家で「彩部会」設立共有
　・防災無線活用による情報共有

衰退・停滞期
脱却

　衰退・停滞期からの脱却
・よそ者による改善提案への拒否感
・基幹産業の壊滅的打撃→変革へ着手
　（＊ピンチをチャンスに）

時間軸

（注）リーダーシップ・スタイル：変革型＝TFL，サーバント＝SVL，シェアド＝SL。
（出典）筆者作成。

　また，葉っぱビジネスは異なる組織体による協働事業体型の運営がなされてお
り，広義のシェアド・リーダーシップが見られる。第3に，横石が代表を務め
る㈱いろどりは，葉っぱビジネス全体を調整する役割を担っているが，葉っぱ
ビジネスを構成するメンバーに対する指揮権はない。彩部会長も，JA上勝支
所長も同様である。つまり，葉っぱビジネス全体として見たときは，それぞれ
の組織体のリーダーが発揮するのは，権限によらないリーダーシップである。

第4に，"次の"革新的再興期に向けた取組を行いつつあるが，本格的な展開はこれからである。

　以上を総括すると，革新的再興期では，横石単独の変革型リーダーシップが発揮され，安定・成長期では，3つの組織体による広義のシェアド・リーダーシップを基本としたサーバント・リーダーシップ，つまりハイブリッド型リーダーシップ（II）に移行している。現在，"次の"革新的再興期に向けた行動が取られつつあるものの，シェアド・リーダーシップを基本とした変革型リーダーシップ，つまりハイブリッド型リーダーシップ（III）への確かな移行は確認できない。これらのことから，リーダーシップ好循環モデルの応用モデルの有効性については，「部分的に支持された」と結論づけるのが妥当である（図表6－7及び6－8）。

5　まとめ

　上勝町の葉っぱビジネスを中心とした再創造活動のプロセスとリーダーシップのあり方について確認し，その上で，リーダーシップ好循環モデルの応用モデルの有効性について検証を行い，「部分的に支持された」と結論づけた。なお，上勝町の事例について，他の事例よりも限定的な結論－「部分的に支持された」－としたのは，当該事例が革新的再興期には単独のリーダーによる変革型リーダーシップによって再創造活動が展開され，安定・成長期に移行してからは広義のシェアド・リーダーシップとサーバント・リーダーシップのハイブリッド型リーダーシップ（II）に変化するという，リーダーシップ好循環モデルの想定するものとはやや異なるプロセスを経ているからである。以上を総括すると図表6－9のとおりとなる。

図表6-9　実証分析対象の事例総括表（上勝町の事例）

理念・発展形態	リーダーシップの特徴	リーダーシップ好循環モデルとの適合性	地域プラットフォームの特徴
産業福祉 ICT基盤を活用した地域資源活用型の内発的発展	・葉っぱビジネスの立ち上げ時には，横石が変革型リーダーシップを発揮しフォロワーである生産農家を導く。したがってシェアド・リーダーシップではない。 ・葉っぱビジネスに関する仕組みが構築された後は，企画営業担当の㈱いろどり，生産農家の集団である彩部会，物流を担当するJAのそれぞれのリーダーたちによる広義のシェアド・リーダーシップを基本としたサーバント・リーダーシップに移行。つまり，ハイブリッド型リーダーシップⅡ（SL×SVL）に移行。 ・現時点ではハイブリッド型リーダーシップ（Ⅲ）（SL×TFL）への確かな変化は確認できていない。	総合的判断 ＝部分的に支持された ・変化する＝○ →・葉っぱビジネス創出時は，横石の変革型リーダーシップが発揮され，一定の仕組みが構築された後は，横石自身も意識的にリーダーシップ・スタイルをサーバント・リーダーシップに変化させている。また，葉っぱビジネスは異なる組織体の連携で成立しており，それぞれのリーダーが存在することから広義のシェアド・リーダーシップと言える。ただし，"次の"革新的再興期に向けての取組はなされつつあるが，リーダーシップの確かな変化までは確認できていない。 ・権限によらない＝◎ →葉っぱビジネスの全体調整は，㈱いろどりであるが，そもそも㈱いろどりは，公式的な権限を持たないパブリックベンチャーである。生産農家の彩部会長も「一人親方をまとめる存在」であることから権限をもたない。JAも物流を担い全体的な指揮権限はない。 ・自律/分散的＝○ ・協調的＝◎ →葉っぱビジネスという仕組みの中での役割が期待される。システムへの参画は自由であるが，参画する以上は条件付きの自律・分散的活動となる。異なる組織・集団の人々が共通目標達成のために高度に協調的に活動している。	・葉っぱビジネスは，3つの異なる組織体の協働事業体的性格をもつシステムである。そのシステムの全体調整を行っているのが㈱いろどりである。 ・この地域プラットフォーム運営の基盤となっているのがICTを活用した上勝情報ネットワーク・システムであり，調整役としての㈱いろどりである。 ・3つの組織体の中で，一般的な人々の参画対象となるのは，生産農家の集団である「彩部会」である。ただし，生産農家となるためには，一定のスキルや土地を必要とするため，メンバーの確保が大きな課題である。

●注

1　調査では葉っぱビジネス提唱者の横石はもちろん，生産農家や物流関係者など葉っぱビジネスの構築・運営に関わってきた複数の関係者に対して，2015年12月から2019年11月までの間でインタビューを実施し，可能な限り多角的な視点からの分析を試みている。なお，インタビューは同一人物について複数回実施したものもあるが同一趣旨の発言の場合は直近の発言をもとに記述している。インタビューの日時は第４章の「事例調査対象及び資料収集」（78頁）において総括的に記載している。

2　代表作としては，「そうだ，葉っぱを売ろう！」（2007），「生涯現役社会のつくり方」（2009），「学者は語れない儲かる里山資本テクニック」（2015）。

3　上勝町は2003 年，日本の自治体で初めてゼロ・ウェイスト宣言を行う。その活動の中心的な役割を担っているNPO法人ゼロ・ウェイストアカデミーによると，上勝町では分別を徹底し現在は45分別になっている。使用可能な物を町民が持ち込み，誰でも無料で持ち帰ることのできるリユースショップ「くるくるショップ」も開設。「くるくる工房」では，高齢者が中心となってリメイク商品を作り販売。上勝町のリサイクル率は81％（2016年一般廃棄物処理実態調査）で全国トップクラスであり，１人当たりのごみ排出量は全国平均の約半分，ごみ処理費用も約 2 / 3 に抑えられている。

4　葉っぱビジネスの特徴は在庫がきかない点と商品が約320種と多種に及んでいる点である。そこで，タイムリーな生産と収穫が求められることから上勝情報ネットワーク・システムはビジネス継続の生命線となっている。このシステムは技術革新とともに進化してきた。最初は，防災無線のスピーカーによる放送，次に，全国初の防災行政無線を使った同報無線FAX，そして，パソコンやタブレット方式の導入である。その結果，必要な人に，必要な時に，必要な情報を伝えることが瞬時にできる仕組みが構築された。さらに，現在はLINEによる情報共有システムも導入されている。

5　2007年当時であることから28年となっているが，2019年時点で言えば40年となる。

6　異なる３つの組織・集団は，それぞれの得意分野でリーダー的な役割を果たしながら，別の場面ではフォロワーとして活動している。㈱いろどり，生産農家集団，JAという３つの異なる組織体があたかも１つの事業体のように機能しているのが「葉っぱビジネス」である。分有型リーダーシップという見方もできるが，ここでは広義のシェアド・リーダーシップとして整理をしている。

7　浦田会長は６代目の会長であり，葉っぱビジネスの生産農家としてキャリアも10年を超える。上勝町出身であるが，長年，町外の大手清涼飲料水メーカーの営業担当として活動してきた人物である。その時の知見やノウハウを生かし，より次元の高い葉っぱビジネスを目指しているリーダーである。

第 7 章

神山町/美波町の事例
―ICTを活用した地域コミュニティ再創造―

1　調査概要

1.1　調査目的及び調査方法

　徳島県内では，急速な過疎化，限界集落化によって存続が危ぶまれている地域コミュニティが多数存在する。そうした厳しい状況にある過疎地域において，ICT基盤を活用した新たな地域再生・活性化の動きが出てきている。それが神山町の「創造的過疎」であり，美波町の「にぎやかそ」の取組である。本章においては，リーダーシップ好循環モデルが，これら地域コミュニティの再創造活動において，有効に機能しているのか否かの検証を行う[1]。

1.2　神山町／美波町の事例に関する先行研究

　サテライトオフィス（SO）の誘致を核とした地域コミュニティの再創造活動については，床桜（2018）のSOプロジェクト始動時における行政，企業，地域といった各主体の連携プロセスを分析した研究や，床桜（2020）の神山町における創発的価値創造活動の研究のほか，小田・遠藤・藤田（2019）のSOプロジェクトの地域政策的な観点からの研究がある。また，野中*et al*（2014）

は，ソーシャル・イノベーションの視点から神山町の地域コミュニティの再創造活動について分析を行い，自律分散型の地域づくりに特徴を見出している。さらに，神山町及び美波町の地域コミュニティの再創造活動を担っている人々にフォーカスした著作もある[2]。これらの中にはリーダーやリーダーシップに関する記述も一部見られる。しかし，再創造活動とリーダーシップとの関係性について深く分析したものは現時点では確認できていない。

1.3　神山町／美波町の事例の概要

神山町の「創造的過疎」の提唱者であり，NPO法人グリーンバレー（以下「グリーンバレー」。）の元理事長の大南信也は，創造的過疎について，「過疎化を与件として受け入れ，外部から若者やクリエイティブな人材を誘致することで人口構造・人口構成を変化させ，また，多様な働き方や職種の展開を図ることで働く場としての価値を高め，農林業だけに頼らない，バランスのとれた持続可能な地域をつくろうというのが創造的過疎の考え方である」と述べている。また，美波町の「にぎやかそ」については，まちづくりのあり方を町内外に発信するキャッチフレーズとして美波町が策定したものであり，提唱者の一人である吉田基晴は，「過疎は前提として『賑やかな過疎』を目指していこうということだ」と述べている。

両者の共通点は，地域住民が活動の主体となりながら地域外の多様な人材を誘致し，持続可能な地域づくりを目指していることである。そして，多様な人材の誘致に大きな力を発揮しているのが，首都圏や関西圏のIT企業などの施設利用型テレワークであるSOの誘致である。

官民連携によるSOプロジェクトの推進によって，2019年3月末現在，徳島県は自治体が開設に関わったSOの集積数が全国一の64社となったことが，総務省（2019）から発表された。この64社のうち，神山町には16社が，美波町には19社がSOを開設しており，両町は県内でSOの集積数が最も高い地域となっている（図表7－1）。そして，SO集積によって集まってきた多様な人材が，個々には自律的・分散的に活動しながら，自らの意思で相互に交流・結合し，

全体的には協調的な活動を行っている。その結果，当初予期しなかった新しい価値を生み出し，「創造的過疎」や「にぎやかそ」の実現に貢献している。

　このことについて，大南は，「SO集積により，『想像を超えた創造』が神山にはもたらされている」と述べている。美波町も同様な現象が現れている。國領（2011）は，「必ずしも特定の帰結をあらかじめ想定することなく，多くのプレイヤーが活動しているうちに，多様な資源が結合して予想もしなかった新しい価値が次々に生まれる状態」を創発的な価値創造とした。神山町や美波町で起きている現象が，まさに創発的な価値創造活動である。

　こうした両地域での創発的な価値創造活動を生み出すSOの集積は，偶然の所作ではなく，地域プラットフォームが存在するが故に実現している。地域プラットフォームとは，第4章において定義したように，地域内外の主体の協働

図表7－1　圏域別SO集積の状況

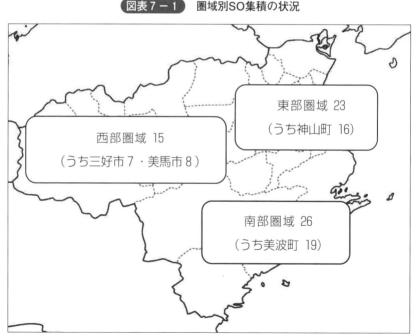

東部圏域 23
（うち神山町 16）

西部圏域 15
（うち三好市7・美馬市8）

南部圏域 26
（うち美波町 19）

（出典）筆者作成。

を促進し，地域コミュニティの再創造に資するコミュニケーションや活動の基盤となる道具や仕組み，空間である。そして，それぞれの地域コミュニティに適合する，地域づくりのプラットフォームを設計することが，地域リーダーの役割であり，リーダーシップの発揮すべきところとなる。

2　神山町の事例

　まず，ICT基盤を活用した地域コミュニティの再創造活動の先駆けとなった神山町の事例について考察する。

2.1　地域コミュニティの再創造活動

2.1.1　地域コミュニティ再創造活動の背景

神山町は典型的な過疎地域である。SOはその中でも比較的人口が多い神領^{じんりょう}

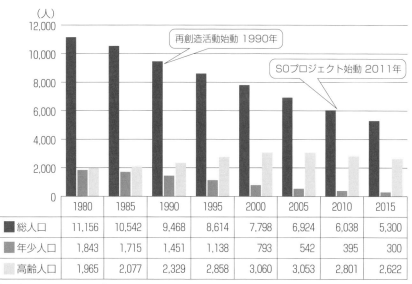

図表7−2　神山町の人口動態（単位：年・人）

	1980	1985	1990	1995	2000	2005	2010	2015
■総人口	11,156	10,542	9,468	8,614	7,798	6,924	6,038	5,300
■年少人口	1,843	1,715	1,451	1,138	793	542	395	300
高齢人口	1,965	2,077	2,329	2,858	3,060	3,053	2,801	2,622

（出典）総務省国勢調査を参考に筆者作成。

地区に多く開設されている。この地区からは徳島市内中心部へは車を活用すれば約40分程度で行くことができる，神山町では比較的利便性の良い場所である。神山町においては，再創造活動の始動時（1990年代当初）は，右肩下がりの人口減少に歯止めがかからず，地域コミュニティの持続可能性についての課題が顕在化していた時期である（図表7－2）。

2.1.2　組織化のプロセスと主な再創造活動

　地域の将来に赤信号が点滅していた時に，新しい視点からの地域再創造活動に取り組む，強い地域愛着を持つ複数の人々が現れた。組織化のプロセスと主な再創造活動について確認する（図表7－3）。

図表7－3　組織化のプロセスと主な再創造活動

フェーズ	年月	組織化のプロセスと主な再創造活動
衰退・停滞期	～1990	町内会が主体となった伝統的行事などを実施。
革新的再興期（Ⅰ） Step 1 国際交流をテコに地域に元気をもたらす	1991.8	「アリス里帰り推進委員会」の結成。戦前に親善目的で米国から神山町へ送られた人形の送り主を探し出し，人形とともに米国を訪問し，送り主に人形を里帰りさせようというプロジェクト。海外訪問団の中に，再創造活動の地域リーダーとして活動することとなる大南などが含まれていた。
	1992.3	米国訪問団の主要メンバーで「神山町国際交流協会」を発足。
	1997.4	徳島県提案の「とくしま国際文化村構想」に呼応し，地域住民からなる「国際文化村委員会」を設立。住民や企業のボランティアらの道路清掃によるイメージアップ戦略としての「アドプト・ア・ハイウェイ」（1998）や，芸術家の卵を招聘し，地域と交流しながら創作活動を行う「アーティスト・イン・レジデンス（AIR）」（1999）を矢継ぎ早にスタートさせた。
革新的再興期（Ⅱ） Step 2 持続可能な地域づくりのための基盤整備	2004.11	NPO法人組織としてグリーンバレーを設立。（2017年より認定NPO法人）
	2007.4	グリーンバレーが，神山町の公の施設である「神山町農村環境改善センター」の指定管理者となる。このことでNPO法人としての財政基盤の強化に繋がった。
	2007.10	グリーンバレーが，神山町移住交流センター業務を受託し，地域づくりの鍵を握る人材誘致に関する重要な役割を担うようにな

		る。このことで，後のSOプロジェクト推進におけるオフィスや社員住居の物件情報提供に繋がっていった。また，空き家を呼び水としてスキルをもった人材を誘致する「ワーク・イン・レジデンス」の取組にも生かされることとなる。
	2008.6	WEBサイト「イン神山」を開設し，神山の創造的過疎の取組を全国に情報発信する。新しい内発的発展のためには地域内外との交流が重要であり，サイトの開設によりその体制が整った。持続可能な地域づくりを担っていく，中間的な地域組織としてのグリーンバレーの組織体制が整った。
革新的再興期（Ⅲ） Step 3 SO誘致による多様な人材の確保	2010.10	東京で名刺管理サービス事業を展開していたベンチャー企業・Sansan㈱が「神山ラボ」を開設した[3]。同社の社長の個人的なネットワークの中で神山の活動を知り，偶発的な開設であった。このことが翌年からスタートする，SOプロジェクトにも繋がっていく。
	2011.8	徳島県が「とくしま集落再生プロジェクト会議」[4]を立ち上げ，神山町からは町長（後藤正和）とグリーンバレー理事長（大南信也）が参画。神山町の両者がメンバーとして就任したのは，県下市町村の中で，全集落に占める限界集落の割合が最も高かった町であることや，AIRを始めとする特色のある地域活動が注目を集めていたからである。
	2011.9 〜 2011.11	過疎地域に開設するSOにおいて，首都圏と同水準の業務が遂行できるか否かの実証実験を，県，グリーンバレー，企業の官民連携により行った。具体的には，神山町の個人が所有する古民家「ヤマニハウス」を借り上げ，東京に本社があるITベンチャー企業・㈱ダンクソフトの社員の協力のもと，約2週間の実証実験を行った。また，同年11月にも同様の実証実験を行った。その結果，クオリティの高い仕事ができるのか疑心暗鬼であった社員たちも，「通信速度が東京よりも速い」（社員の感想）や，豊かな自然の中での暮らしによる，ワーク・ライフ・バランス（WLB）の実現について手応えを感じた。 このように，本格実施に向けての業務面での課題はクリアできたものの，SOの本格的な開設には不透明な状況が続いた。また，官民連携によるSO誘致セミナーを首都圏などでも開催した。しかし，複数の企業が関心を寄せたものの具体的なSO開設には繋がらなかった。
	2011.12	こうした不透明な状況の中で進んでいったSOプロジェクトであるが，NHKのNW9で神山町の実証実験が放映された後は，全国から問合せが増え，SO開設の機運が一気に盛り上がっていった。
成長・安定期	2012.1 〜	その後，約1年の間で，5社がSO開設を決定した。

Step 4 創発的価値創造の実現	2012.12	
	2013.1 ～ 2019.3	コワーキングスペース（CWS）としての「神山バレー・サテライトオフィス・コンプレックス（KVSOC）」がグリーンバレー，町，県の連携のもと開設された（2013.1）。その背景にはSO開設希望の企業が増える一方で，オフィスとして活用できる空き家不足があった。また，費用をかけずにオフィスとして活用できる場所を求める声が企業サイドから強くなってきたことも影響している。その後順調に，SO開設（2019年度末現在で16）や創発的な価値創造活動が実現している。以下主なものを示す。 ・2013.7「えんがわオフィス」開所。 ※テレビ素材のアーカイブ会社である㈱プラットイーズのSO。 ・2013.7「神山しずくプロジェクト」開始。 ※水源涵養を目的に地元の間伐材（杉）を活用したデザイン性溢れる木食器づくり。 ・2013.12「カフェ・オニヴァ」開業。 ※元・造り酒屋の空き家をフレンチ店に改修。 ・2015.7「WEEK　神山」開業。 ※交流型宿泊施設。 ・2016.4「フードハブ・プロジェクト」開始。 ※「地産地食」をキーワードに神山の農業を次代に繋ぐ取組。 ・2016.6「Kamiyama Makerspace」開所。 ※デジタル工房。Fablab的機能を持ちCWSに併設。 ・2018.6「Kamiyama Beer」開業。 ※地元の水，小麦使用のマイクロビール醸造所。
"次の"革新的再興期 Step 5 人づくりで地域づくり	2019.4 ～	・「私立高等専門学校構想（神山まるごと高専）」実現への挑戦 １学年40人（全寮制），AI，デザイン，アートなどを学び起業家精神を持った人材育成を目的にした私立高専である。校長は全国公募により決定し，「まるごと高専」を基本コンセプトとしている。これは，SOの集積により神山町に集まってきたクリエイティブ人材も高専の講師となり，また，学生もSOの現場で実践を学ぶという，校舎という物理的空間に制約されない開かれた学校を目指すというもの。設立準備委員会には，地域内外の多様な人々が集結しており，2023年度開校に向け精力的に準備を進めつつある。

（出典）筆者作成。

2.2　再創造活動を支える重要な要素

新しい地域コミュニティの構築や維持にとって重要な要素である，「地域愛着」「地域プラットフォーム」「学習・伝承システム」に加え，「共創空間としてのコワーキングスペース（CWS）」「創発的な価値創造活動」について，順次確認をしていく。

2.2.1　地域愛着

神山町の再創造活動は，AIRやSOについて語られることが多く，地方創生や働き方改革という時流に乗って，マスコミにも度々登場している。この現象は，神山町の再創造活動を象徴的に表すものとして間違いはないが，その活動が依って立つところは，地域の人々の地域への愛着と地域存続への危機意識である。また，神山町に「よそ者」として移住・定住してきた若者が，地域の人々と交流を深めながら地域課題を自らの課題として認識し，その解決をテコに新たな価値創造を行っている姿を見るとき，代々，神山町に住み続けている人々に勝るとも劣らない地域愛着を見出すことができる。大南は，地域におけるキーマンは地元である方が望ましいかとの問いに対して，「外から来た人でも，別にかまわんと思います。それぞれの場所に最適な形があるはずやから」と答えている[5]。これは実際に「よそ者」として神山に移住し活動している若者の中に，強い地域愛着を感じさせる者が増えていることを示唆するものである。地域愛着はその地域に暮らす年数よりも地域での経験の質に規定されるとの研究（引地 *et al*, 2009）があるが，そうした現象が神山町には見られるのである。神山町で生まれ育ち神山町の再創造に汗を流す人々の地域愛着と，よそ者として神山町に来て暮らす中で地域課題解決に情熱を傾ける人々の地域への愛着とが融合して，創造的過疎の実現の原動力となっているのである。

2.2.2　地域プラットフォーム

SOプロジェクト本格展開のために，官民連携による最初の実証実験の場に

神山町を選定したのは，神山町にはSO誘致に応用可能な地域プラットフォームが既に存在していたからである。すなわち，グリーンバレーが核となり，長年にわたり取り組んできた若手芸術家を国内外から招くAIRの実践により，クリエイティブな人材を地域に受け容れる，AIR推進のための地域プラットフォームが形成されていたのである。この国際的な芸術文化交流であるAIRを推進するために形成された地域プラットフォームを土台として，SOプロジェクト着手を契機にSO集積のための地域プラットフォームに発展させていったのである。アーティスト誘致のための地域プラットフォームと，ITエンジニアの誘致のための地域プラットフォームとの共通点は，創造性を大切にし，多様な人々の活動を下支えする機能を持つということである。このことについて，大南は次のように述べている。

　　　クリエイティブな人材が訪れたいと思う雰囲気や，交わる場づくりこそが重要であり，それが実現すれば自然発生的に創造的な活動は生まれる。

　つまり，SO集積にはテレワークに必要なICT基盤や生活基盤といったの物理的な環境整備に加え，多様なアクターのコミュニケーションや活動の基盤となる地域プラットフォームが不可欠ということである。

2.2.3　学習・伝承システム

　神山町の再創造活動が始動してから約30年が経過しようとしている。30年間続いてきた理由はいくつかあるが，再創造活動を通じて学び，そして学んだ知見やノウハウを蓄積する仕組みの存在が大きいと思われる。第1に，複数のリーダーがそれぞれの強みを生かしてリーダーシップを発揮するシェアド・リーダーシップを発揮してきたことである。このことにより学んだ知見やノウハウが「見える化」され共有化されたことである。第2に，中間的地域組織としてグリーンバレーを設立し専従職員を得たことである。このことによりリーダー間だけでなくフォロワーも含めた情報の共有化が図られ，学びを蓄積し，

伝承するシステムが構築されたことである。神山町における再創造活動は，革新的再興期から成長・安定期を経て，"次の"革新的再興期に入ろうとしている。この機会を捉え，実践の経験によって得られる知見やノウハウを若者が体得することは，今後の持続可能な地域づくりにおいて重要な意味を持つ。

2.2.4　共創空間としてのコワーキングスペース（CWS）

　神山町のCWSは，「神山バレー・サテライトオフィス・コンプレックス（以下「KVSOC」。）」と呼ばれ，徳島県内のCWS開設の先駆けとなった。閉鎖されていた縫製工場（平屋・延床面積619㎡）[6]をCWS仕様に改修し，2013年1月にオープンした（図表7－4）。

　KVSOCの現状と課題，今後の方向性について，設置者，運営管理者，施設利用者のコメントを参考にしながら分析を行う。

　まず，KVSOC開設の背景である。神山町では，官民連携によるSO誘致活動が功を奏して，2011年9月の実証実験から約1年後には，5社がSOを開設した。当初，未利用の空き家を個々の企業に斡旋し，企業の経費負担により改修

図表7－4　CWS「神山バレー・サテライトオフィス・コンプレックス」

（出典）筆者撮影（2019年8月5日）。

を行い，専有オフィスとして活用するのが主流であった。また，行政もSO開設企業に対して，施設改修費や通信使用料への支援を行い，誘致の促進に努めた。しかし，誘致活動を進める中で空き家そのものはあるものの，オフィスに転用できる適当な物件が得にくくなってきた。また，SO開設希望の多くは小規模なITベンチャー企業が中心であり，公的支援制度があるとは言え，改修費用や維持管理費用の負担が大きいとの理由から，誘致サイド（行政，地域）も進出サイド（企業）も安価で簡単に利用できる共同オフィスの必要性を感じていた。そうした双方の思惑が一致し，開設されたのがKVSOCである。

　次に，KVSOCの設置者及び運営管理者サイドの視点からのCWSの分析である。KVSOC開設の提案者は，開設当時，グリーンバレー理事長であった大南信也であり，次のように述べている。

　　SO誘致が進むにつれて，絶対数としての空き家が不足してきた。そこで当時未使用であった町所有の元縫製工場建屋の活用を，徳島県や神山町の関係者に提案した。当初は採算性を考慮し，個室専有型を考えていた。しかし，アメリカのCWSの動向を理解していた建築デザイナーの意見を踏まえ，入居者の交流が促進されやすいようオープンスペース方式を採択した。デザインやレイアウトに関してはその建築デザイナーに任せ，一切口出しをしなかった。なお，改修費用は，徳島県，神山町，グリーンバレーが，それぞれ３分の１ずつ負担している。また，建物の敷地は民有地であり，この賃料は神山町に負担してもらっている。

　設置者である神山町の担当者・高橋成文は，「KVSOCの持つ，新たなビジネス創出の場や住民も含めた交流の場としての役割を評価している。また，運営に関してはグリーンバレーにまかせている」と述べ，「施設改修費への支援など環境整備面での役割を担うのが我々，役場の仕事である」とのスタンスを堅持している。また，徳島県は，KVSOC内に「とくしま新未来創造オフィス」との名称のSOを開設し，一時期，２名の正規職員を常駐させ，SO誘致の最前

線基地としての活動を担わせた。行政（徳島県及び神山町）は，KVSOCの開設と運営の基盤となる部分で下支えし，グリーンバレーは，NPO法人が持つ中間的地域組織としての機動力を生かしながら，柔軟性を持ったKVSOC運営を行っている。

　次に，施設利用者の視点からのKVSOCの印象である。プログラマーの本橋大輔は，東京に本社があるIT企業の社員である。本橋は自らの希望により，2013年8月よりKVSOCに常駐する最初の施設利用者となった。本橋は次のように述べている。

　　　利用当初は常駐が自分だけということもあり，仕事のみに集中していた。現在は，利用者も多くなり，異なる組織の人々との交流を通じた公私にわたるネットワークの広がりを感じている。神山町は過疎地域ゆえに人の絶対数は少ない。しかし，多様な価値観やスキルを持った「濃い人々」が多く訪れ，暮らしている。自分自身の仕事を進めていく上で，新たな着想を生む大きな刺激を得ている。「神山ボーナス」という言葉があるが，まさにそれを享受している状況にある。

　本橋が指摘する「神山ボーナス」は，先発のAIR，それに続くSOプロジェクトがシナジー効果を発揮して，神山町という地域そのものが「共創空間」になっていることを示すものである。KVSOCはそれを象徴する空間であり，人々が集い，交流することで新たな価値創造活動を展開する「場」と言える。

2.2.5　創発的な価値創造活動
SOプロジェクトを契機に実現した創発的な価値創造活動の例をあげる。

(1)　神山しずくプロジェクト
　神山しずくプロジェクトの主宰者である廣瀬圭治は，Webデザインを本業とするキネトスコープ社の代表である。2012年10月，神山町に大阪の企業とし

て初めてSOを開設した。代表である廣瀬自身も家族とともに神山町に移住している。神山しずくプロジェクトは，森林荒廃により水源涵養力が低下し，豊かな水量を誇っていた地元の「鮎喰川」の水量が年々減少しているという，神山町の地域課題への懸念から始めたものである。森林保全には適切な間伐作業が不可欠であるが，木材需要低迷のためその作業が進まない。そこで，間伐により搬出された地元材の「杉」を積極的に活用して，デザイン性豊かな木食器を制作・販売することで，間伐を促進しもって森林保全に貢献しようというソーシャルビジネスである。本業であるWebデザイナーとしての知見やノウハウがものづくりに生かされた結果，国際的なデザイン賞も受賞し，地域内外から注目を集めている。また，当初，外注していた生産も今は直営工房を整備し，木工職人も雇用している（図表7－5）。

　「・大阪でのWebデザイン会社設立→・神山町でのSO開設→・代表自ら神山町へ移住→・地域課題を自分事として捉えて，『神山しずくプロジェクト』の立ち上げ→・国際的なデザイン賞を得ることでプロジェクトへの賛同者を増やす」といったダイナミックな展開となっている。広瀬自身も「神山にSOを開

図表7－5　木食器工房「SHIZQ LAB」

(出典) 筆者撮影（2019年8月5日）。

設することで自分でも驚くような活動が実現できている」と述べている。

(2) フードハブ・プロジェクト（Food Hub Project）

フードハブ・プロジェクト（Food Hub Project）は，衰退する神山町の農業を「地産地食」の理念のもと再生させようというものである（図表7-6）。

プロジェクトの推進母体は，新たに設立された「株式会社フードハブ・プロジェクト」である。この会社の共同出資者が，神山町にSOを開設した㈱モノサスである。㈱モノサスは，本社が東京にあるマーケティング・コンサルタント会社である。神山町でのフードハブ・プロジェクトの活動は，家族とともに神山町に移住してきたモノサス社員の真鍋太一と，神山町から派遣されてきている白桃茂が重要な役割を担っている。「・神山町でのSO開設→・町や他企業などと新会社設立→・『地産地食』をコンセプトに直営農場と食堂を経営→・子供の食育教育の実施」といった，ダイナミックな動きの中で，SOプロジェクトと連動し，創発的な価値創造が実現されつつある。

図表7-6　地産地食食堂「かま屋」

(出典) 筆者撮影（2019年8月5日）。

(3)　神山メーカー・スペース（Kamiyama Makerspace）

「Kamiyama Makerspace（以下「KMS」。）」は，2016年4月にコワーキング スペースのKVSOC内に開設されたデジタル工房である（図表7－7）。KMSは，神山町とグリーンバレーの支援のもとで整備され，3Dプリンターやレーザー カッターといった最新デジタル機器と伝統的な手仕事用の道具を備えた，ファ ブラボ的（Fablab）機能をもつ。KMSは，現在，10名の会員により自主的に 運営されている。その代表を務めるのがアーティストの阿部さやかである。

阿部は，2013年8月から約3ヶ月間，AIRで神山町に滞在後，オランダで作 家として活動し，その際にファブラボ運営のノウハウを習得している。2016年 2月からは神山町に夫婦で移住している。阿部はKVSOCに近接する徳島県立 城西高等学校神山分校の高校生に対して，KMSの機能を活用したものづくり 指導を行うなど人材育成に取り組んでいる。阿部は次のように述べている。

　　コワーキングスペース内にファブラボ的な機能を持つデジタル工房を開 　設することで，ITエンジニアやWebデザイナーといったクリエイティブ 　な人々と，伝統的なものづくりを大切にする地域の人々との間で交流が生

図表7－7　デジタル工房「Kamiyama Makerspace」

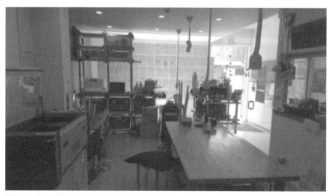

（出典）筆者撮影（2019年8月5日）。

まれ，今までにない人のネットワークが構築できている。楽しみながら活動を行うことを大切にしながら，国内外のファブラボとの連携も図っていきたい。

(4)　神山ビール・プロジェクト（Kamiyama Beer Project）

阿部は，KMSによる活動に加えて，神山町の水と小麦に拘ったマイクロビール醸造所「Kamiyama Beer」を開設し，2018年6月から営業を始めた（図表7－8）。醸造所は木造1部2階建て約90㎡で，1階に240ℓの醸造タンク3基を備えた醸造室とビール販売や飲食ができるスペースを設けている。神山町の特産の梅や桜の木で香り付けしたアイリッシュ系の黒ビールや，神山町の在来種の小麦を使った4種類のビールを作っている。

阿部は，AIRではアーティストとして神山町に3ヶ月間滞在し，次は移住者として，デジタル工房やビール工房の代表として活動している。AIR推進のための地域プラットフォームによって短期間滞在し，SO推進のための地域プラットフォームによって移住を決意したとも言え，地域プラットフォームの発展の重要性を示す具体例でもある。

図表 7 － 8　マイクロビール醸造所「Kamiyama Beer」

（出典）筆者撮影（2019年11月12日）。

　以上の4つの事例の共通点は2点である。第1に，SOプロジェクトの推進によって多様な人々が集結し，相互の交流によって，活動の主体者にとっても，自らが当初描いていた構想とは異なる想定外の結果が実現していることである。第2に，地域課題と向き合いながら，その解決の過程で新たなビジネスの創出に繋げていることである。

　このような創発的な価値創造活動は，地域リーダーが考え，フォロワーに指示をしながら実現するといった集権・依存的な進め方では実現しない。多様な人々が各々の特徴を生かして，自律・分散的に考え，活動することで生まれてくる。地域リーダーは個々のフォロワーを導くことよりも，フォロワーが自律・分散的に活動し，全体として協調的な活動が実現するような，地域プラットフォームを設計・運営することの重要性をこれらの事例が示唆している。ここで，地域プラットフォームの変化を神山町の事例で確認する（図表7－9）。

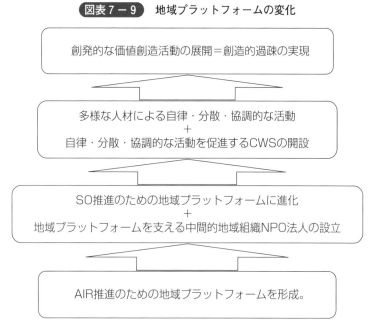

図表7－9　地域プラットフォームの変化

創発的な価値創造活動の展開＝創造的過疎の実現

多様な人材による自律・分散・協調的な活動
＋
自律・分散・協調的な活動を促進するCWSの開設

SO推進のための地域プラットフォームに進化
＋
地域プラットフォームを支える中間的地域組織NPO法人の設立

AIR推進のための地域プラットフォームを形成。

（出典）筆者作成。

2.3　フェーズ別のリーダーシップ

ここでフェーズ別のリーダーシップについて分析を試みる。

2.3.1　革新的再興期（Ⅰ）−（Ⅱ）

革新的再興期（Ⅰ）は，衰退・停滞していく地域コミュニティを，国際交流をテコに再生・活性化に踏み出した時期である。「アリス里帰り推進委員会」を「神山町国際交流協会」に発展的に改組し，その具体的な事業として，県の「とくしま国際文化村構想」に呼応して，「国際文化村委員会」というプロジェクトチームを結成する。これが推進母体となってAIRが実現した。そして，若手芸術家の孵卵機能を持つ地域住民による地域プラットフォームが形成されていった。その地域プラットフォームは，地域に対して強い愛着を持つ複数のリーダーが，それぞれの強みを生かしながら構築していったのである。革新的再興期（Ⅱ）は，地域プラットフォームのマネジメントを担う，中間的な地域組織であるグリーンバレーを設立し，その体制や財政基盤の強化を行った。また，活動範囲を国際交流という特定分野から，移住・定住などの再創造活動の基盤に関わる活動にも拡大していった時期にあたる。

複数のリーダーにより発揮されるリーダーシップについて，大南は「浮遊するリーダーシップ」と呼んでいる。これはシェアド・リーダーシップに相当するものである。大南信也，佐藤英雄[7]，岩丸潔[8]，森昌槻[9]のほぼ同代の思いを同じくする仲間がこの時期のシェアド・リーダーである。このシェアド・リーダーシップというスタイルは，神山町における地域コミュニティの再創造活動におけるリーダーシップの基本スタイルとして今も継承されている。もちろん，革新的な活動が順風満帆に進むことはない。革新的な活動を行う際に，「力」になるのも人であるが，「壁」になるのも人である。後者の典型が，否定から入る「アイディアキラー」の存在である。大南は，アイディアキラーとは過去の失敗を例に挙げながら，アイディアを破壊する人たちで，会合，組織，会社に必ずいるとし，これに対抗するためにグリーンバレーではできない理由

よりも出来る方法を考えること，そして，とにかくやってしまうという「Just
do it」を基本方針に据えたと述べている。また，大南は，「地域の古いしきた
りに染まりたくない若い衆が，仕方ないことだと我慢せずに，がんじがらめと
思われた既存の田舎の枠を少しずつ壊しながら，内側から広げていった」とこ
の時期のことを語っている[10]。地域コミュニティの衰退という目に見える障壁
以上の障壁となったのが「意識の壁」ということである。これを乗り越え新た
な仕組みを創るには，地域コミュニティのあるべき姿の提示と率先行動という
ことになる。まさに変革型のリーダーシップが求められたのである。

　以上から，革新的再興期のⅠ期及びⅡ期は，複数のリーダーによるシェア
ド・リーダーシップを基本とした変革型リーダーシップの「ハイブリッド型
リーダーシップ（Ⅰ）」が効果を発揮したのである。

2.3.2　革新的再興期（Ⅲ）

　この時期は，SO誘致によって多様な人材が集まり，地域コミュニティの再
創造に向け，新たな道筋が開けていった時期にあたる。グリーンバレーが今ま
で蓄積してきた知見やノウハウを活用して，行政，企業，地域の人々と連携す
ることでSO誘致に成果をあげていった。また，AIR推進のための地域プラッ
トフォームを，SO推進のための地域プラットフォームに変化させていったの
もこの時期にあたる。AIR推進プラットフォームは，あくまでも個人としての
若手芸術家を地域に迎え入れ，その創作活動をサポートするための仕組みで
あった。しかし，SO推進プラットフォームは，会社組織に属するITエンジニ
アやWebデザイナーらを迎え入れ，組織としての事業活動をサポートする，
より幅広いものとなった。そのプラットフォームを通じて，CWS方式を含む
オフィス物件や社員住宅の確保支援のほか，空港からのアクセスのためのシェ
アカー・システムの創設支援といった，今までにない革新的な取組を実現して
きたのである。したがって，この時期おけるリーダーシップは，シェアド・
リーダーシップを基本とした変革型リーダーシップのハイブリッド型リーダー
シップ（Ⅰ）が引き続き求められたのである。

2.3.3　成長・安定期

この時期は，SO誘致にも一定の成果が生まれるとともに，SOで働くクリエイティブな人材が相互交流し，また，地域の人々とのインフォーマルな付き合いにより，新たなビジネスモデルの創出も含め創発的な価値創造活動が生まれてきた時期となる。また，オフィス物件不足のために考えられたCWSが完成し，クリエイティブ人材や地域の人々との間の交流拠点として機能し，新しい価値創造に結びついていった時期にもあたる。SO推進のための地域プラットフォームも定着し，このプラットフォームが適切に機能するようにリーダーシップを発揮することが大切な時期となる。この時期においては，複数のリーダーたちによるシェアド・リーダーシップを基本としながら，フォロワーの自律・分散的な活動を下支えし，全体的に協調的な活動を維持する，サーバント・リーダーシップが有効となる。つまり，シェアド・リーダーシップを基本としたサーバント・リーダーシップのハイブリッド型リーダーシップ（Ⅱ）が効果を発揮した時期である。

2.3.4　"次の"革新的再興期

成長・安定期は衰退・停滞期の始まりである。「チームとして成功を収め，理想的なチームワークを経験するほど，過去の栄光に依存して，チームを取り囲む現実の環境変化や将来の展望への関心はおろそかになりやすい」（山口，2008）との指摘がある。この指摘はチームに関するものであるが，より大きな組織や集団も同様である。今に安住し，衰退・停滞期に後戻りすることがないように，次の目標を設定し，挑戦していかなければならない。

新たに掲げた目標が私立高等専門学校「神山まるごと高専」構想の実現である。高専構想は，「人づくり」を過疎地域おいて実現しようという挑戦的なプロジェクトである。この新たな目標に向かって挑戦することで，地域コミュニティの好循環をもたらす可能性は高い。しかし，私立高専は全国で3校しかなく，そのほとんどが大学の系列である。独立系の学校設立を目指すには，学生や教員の確保，財源の調達，校舎・学生寮の整備といった乗り越えるべき課題

は多い。こうした課題を１つずつ克服し，目標を達成するために，現在，地域内外の人々が集結しつつある。今後，この流れが加速することで，これまでのAIRやSOで培ってきた知見やノウハウを生かしながら，人づくりのための地域プラットフォームの形成や，ハイブリッド型リーダーシップ（Ⅲ）への移行が期待される。

2.4　リーダーシップ好循環モデルの有効性

　革新的再興期及び安定・成長期においてはリーダーシップ好循環モデルの応用モデルの有効性が確認された。また，「神山まるごと高専」の設立という，"次の"革新的再興期に向けた活動も見られ，新たなリーダーシップ・スタイルへの移行の兆しもある。以上から，神山町の再創造活動を対象にしたリーダーシップ好循環モデルの応用モデルの有効性については，「概ね支持された」と結論づけるのが妥当である。これを図示すると図表７−10及び７−11のとおりとなる。

2.5　まとめ

　神山町の再創造活動を対象にしたリーダーシップ好循環モデルの応用モデルの有効性については，「概ね支持された」と結論づけた。「概ね」としたのは，シェアド・リーダーシップを基本とした変革型リーダーシップ，つまりハイブリッド型リーダーシップ（Ⅲ）への確かな移行までには至っていないからである。以上を総括すると図表７−12のとおりとなる。

図表 7 −10　リーダーシップ好循環モデルの応用モデルによる分析

（応用モデル）　　　　　　　　　（事　例）

"次の" 革新的 再興期	ハイブリッド型リーダーシップ（Ⅲ） （SL×TFL）へ移行 ・硬直化現象を打破する地域プラット 　フォームへ改革 ・学習・伝承システムによる次代へ 　の知見・ノウハウの伝承	ハイブリッド型リーダーシップ（Ⅲ） （SL×TFL）へ移行しつつある。 ・「神山まるごと高専」実現へ挑戦 ・人づくりのためのプラットフォームが 　徐々に形成されつつある。
安住すれ ば衰退 成長・ 安定期	ハイブリッド型リーダーシップ（Ⅱ） （SL×SVL）へ移行 ・成長・安定を維持する地域プラッ 　トフォームの構築 ・創発的価値創造活動に伴う知見・ 　ノウハウの蓄積	ハイブリッド型リーダーシップ（Ⅱ） （SL×SVL）を発揮 ・CWS開設 ・様々な創発的価値創造活動の展開 ・学習・伝承システムの整備 　（NPOやCWSを通じて）
失敗すれ ば衰退 革新的 再興期	ハイブリッド型リーダーシップ（Ⅰ） （SL×TFL）の発揮 ・衰退・停滞を打破する地域プラッ 　トフォームの構築 ・知見・ノウハウ蓄積のための学習・ 　伝承システムの構築	ハイブリッド型リーダーシップ（Ⅰ） （SL×TFL）を発揮 ・革新的再興期（Ⅰ） 　AIR推進のための地域プラットフォー 　ム構築→地域再生への挑戦 ・革新的再興期（Ⅱ） 　グリーンバレー設立など地域づくりの 　基盤形成 ・革新的再興期（Ⅲ） 　SO推進のための地域プラットフォー 　ムに進化→多様な人材の集結 ・試行錯誤による知見・ノウハウの蓄積
動かなけ れば崩壊 衰退・ 停滞期	衰退・停滞期からの脱却 ・地域リーダーたちの地域に対する 　強い愛着 ・フォロワーとの組織・集団の共通 　目標や危機意識の共有 ・自律・分散・協調的活動の促進	衰退・停滞期からの脱却 ・地域リーダーたちの強い地域愛着 ・右肩下がりの人口 　→"創造的過疎"という共通目標 ・アイディアキラーの存在 　→"Just do it"の精神

（注）リーダーシップ・スタイル：変革型＝TFL，サーバント＝SVL，シェアド＝SL。
（出典）筆者作成。

図表7−11　リーダーシップ好循環モデルの応用モデル参考図による分析

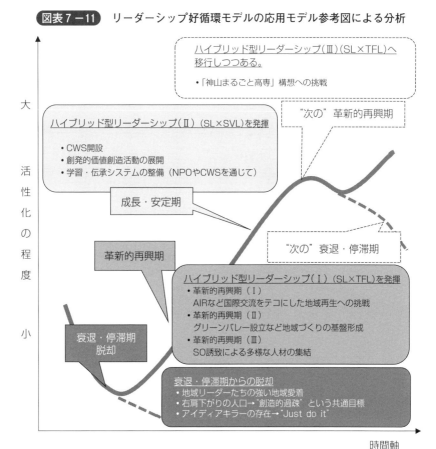

ハイブリッド型リーダーシップ（Ⅲ）（SL×TFL）へ移行しつつある。
・「神山まるごと高専」構想への挑戦

"次の"革新的再興期

ハイブリッド型リーダーシップ（Ⅱ）（SL×SVL）を発揮
・CWS開設
・創発的価値創造活動の展開
・学習・伝承システムの整備（NPOやCWSを通じて）

成長・安定期

革新的再興期

"次の"衰退・停滞期

ハイブリッド型リーダーシップ（Ⅰ）（SL×TFL）を発揮
・革新的再興期（Ⅰ）
　AIRなど国際交流をテコにした地域再生への挑戦
・革新的再興期（Ⅱ）
　グリーンバレー設立など地域づくりの基盤形成
・革新的再興期（Ⅲ）
　SO誘致による多様な人材の集結

衰退・停滞期脱却

衰退・停滞期からの脱却
・地域リーダーたちの強い地域愛着
・右肩下がりの人口→"創造的過疎"という共通目標
・アイディアキラーの存在→"Just do it"

大

活性化の程度

小

時間軸

（注）リーダーシップ・スタイル：変革型＝TFL，サーバント＝SVL，シェアド＝SL。
（出典）筆者作成。

図表7－12　実証分析対象の事例総括表（神山町の事例）

理念・発展形態	リーダーシップの特徴	リーダーシップ好循環モデルとの適合性	地域プラットフォームの特徴
創造的過疎 ICT基盤を活用した交流型内発的発展	・多様な人々が集い，交流し，新たな価値を創造する地域プラットフォームを構築（設計，維持，改善）するリーダーシップ。つまり，直接，フォロワーに働きかけるというよりは，地域プラットフォームを構築することで，フォロワーの自律・分散・協調的な活動のための基盤をつくり，それをサポートするリーダーシップ。 ・地元の地域リーダーは自らのリーダーシップを「浮遊するリーダーシップ」としているが，これは複数の地域リーダーによるシェアド・リーダーシップに相当。 ・活動始動時には，シェアド・リーダーシップ×変革型リーダーシップのハイブリッド型リーダーシップ（Ⅰ）（SL×TFL）。安定・成長期には，ハイブリッド型リーダーシップ（Ⅱ）（SL×SVL）に移行。 ・現在，"次の"革新的再興期の入口に立っている。新たな挑戦の実現に向けてハイブリッド型リーダーシップ（Ⅲ）（SL×TFL）へ移行しつつある。	総合的判断 ＝概ね支持された ・変化する＝○ →立ち上げ時は，ハイブリッド型リーダーシップ（Ⅰ）（SL×TFL）。現状は，ハイブリッド型（Ⅱ）（SL×SVL）から，ハイブリッド型（Ⅲ）（SL×TFL）へ移行しつつある。 ・権限によらない＝◎ →権限を持たないNPO法人が再創造活動の旗振り役を担う。NPO法人内部のメンバー関係も水平的。 ・自律・分散的＝◎ ・協調＝○ →ゆるやかな繋がりと「Just do it」の精神を大切にしている。必要に応じて連携し協働プロジェクトを実施。	・AIR推進からSO誘致の地域プラットフォームに進化。その結果，さまざまな創発的価値創造が実現。なお，地域プラットフォームの運営は，グリーンバレーが担当。 ・進化した地域プラットフォームにより，当初は，ITエンジニア，Webデザイナーなどの専門性を持つテレワーカーが集結。最近はパン職人，靴職人といった，より多様な人々が集まってきている。 ・神山まるごと高専実現に向けて，「人づくりのための地域プラットフォーム」が形成されつつある。 （メモ） ※AIR：Artist in Residence 神山町においては1999年からスタートした。国際的なアート・プロジェクトであり，毎年8月末から約2ヶ月間，国内外の芸術家の卵を神山町に受け入れ地域と交流しながら創作活動を行うプログラム。 ※SO：Satellite Office 都市に本社を置くIT企業などの施設利用型テレワークオフィス。AIR活動も影響し，デザイン・映像系のSOが多いのが神山町の特徴。

（出典）筆者作成。

3　美波町の事例

　ICT基盤を活用した地域コミュニティの再創造活動によって，2019年度末現在，SO集積数が県内トップとなっている美波町の事例について考察する。

3.1　地域コミュニティの再創造活動

3.1.1　地域コミュニティ再創造活動の背景

　美波町のSO誘致活動の始動時（2012年）は，人口減少に歯止めがかからず，地域課題が顕在化していた時期にあたる（図表7-13）。

　また，人口減少とともに大きな地域課題としてあげられるのが，南海トラフ地震である。今後，30年間に約70％から80％程度の確率で発生すると言われており，美波町では沿岸地域を中心に深刻な津波被害が想定されている。人口減

図表7-13　美波町の人口動態（単位：年・人）

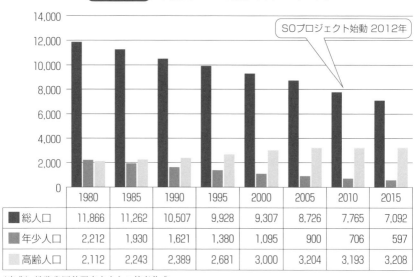

	1980	1985	1990	1995	2000	2005	2010	2015
■総人口	11,866	11,262	10,507	9,928	9,307	8,726	7,765	7,092
■年少人口	2,212	1,930	1,621	1,380	1,095	900	706	597
□高齢人口	2,112	2,243	2,389	2,681	3,000	3,204	3,193	3,208

（出典）総務省国勢調査をもとに筆者作成。

少という時間をかけて地域コミュニティを蝕む課題と，南海トラフ地震という瞬時に地域コミュニティを破壊しかねない課題に直面し，あきらめやネガティブな考えを持つ人々も存在する。また，「震災前過疎」との言葉で，震災のリスクが過疎化に拍車をかけているのではないかと指摘する者もでてきている。しかし，地域課題をテコに，お互いの結束を強め，持続可能な地域づくりに挑戦する人々も現れてきている。

3.1.2　組織化のプロセスと主な再創造活動

　「過疎地域に東京のIT企業が来るはずがない」との冷たい反応の中で，2011年8月から始まったのがSOプロジェクトである。神山町での官民連携による実証実験やSO誘致セミナーの実施により徐々に関心が高まってはきたものの，SOの本格的な開設までには遠い状況にあった。こうした状況を一変させる出来事が起きた。それは，2011年12月のNHKのニュース番組「NW9」によって，神山町の実証実験が全国に放送されたことである。清流，鮎喰川に足をつけパソコンを膝に抱え仕事をする若者の姿が，新しい働き方，生き方の象徴として放映されたのである（図表7－14）。この映像は首都圏で働くITエンジニアには衝撃的に捉えられ，その日を境に多くの問い合わせが届くようになった。そして，無謀と思われた過疎地域へのSO誘致が，実はワーク・ライフ・バランス（WLB）やBCPなど，時代が求めるものであることが理解され始めたのである。美波町のSO開設の最初の企業となったIT企業経営者の吉田基晴[11]は，NHKのニュースを友人から知らされ，その時，サテライトオフィスという言葉を初めて聞いたと述べている。吉田は，全国放映の翌月の2012年1月にはSO開設のための現地視察を行い，美波町で初めてSOを開設したのは，視察開始後のわずか4ヶ月後の2012年5月であった（図表7－15）。
　美波町は，神山町のグリーンバレーのような中間的な地域組織もなく，SO推進に応用できる地域プラットフォームも存在していなかった。そうした状況下ではあったが，短期間のうちに1社ではあるが官民の密接な連携により，SO誘致の実績が得られのである。

2013年にはパブリックベンチャー・㈱あわえが設立され，その活動もあって
SO集積も進んでいった。その後，美波町がCWSを開設し，また，SO開設企業
もメンバーとなった産学官のコンソーシアムも設立された。美波町における現
時点のフェーズは，革新的再興期から安定・成長期への移行を終えた段階にあ
る。それを整理すると図表7－16のとおりとなる。

図表7－14 NW9 （2011年12月放映）の一場面

（出典）徳島県「徳島サテライトオフィス・プロモーションサイト」から転載。

図表7－15 美波町でのSO第1号・「美波Lab」開所式[12]

（出典）サイファー・テック㈱撮影（2012年5月）。

図表 7 −16　組織化のプロセスと主な再創造活動

フェーズ	年月	組織化のプロセスと主な再創造活動
衰退・停滞期	〜2011	町内会が主体となった伝統的行事などを実施。
革新的再興期（Ⅰ） Step 1 ゼロからスタート	2011.12	吉田基晴が，NHK・NW 9 を見た友人から，故郷徳島でのSOプロジェクトの存在を知り，自社（サイファー・テック㈱）の当時の最大の経営課題であったITエンジニア不足解消の力になるのではとの着想を得る。
	2012.1	吉田はSO開設を決意し，オフィス物件を調査する。
	2012.4	SO開設の意向を踏まえ，徳島県南部総合県民局と美波町が連携して組織的なサポートを行っていくことを確認した[13]。
	2012.5	サイファー・テック㈱が，元老人ホーム[14]の一室をリノベーションして，SOである「美波Lab」を開設した。スタート時のスタッフは 3 名であった。なお，美波Labの基本コンセプトは「半X半IT」である。「半X」はワーク・ライフ・バランスの「ライフ」を，「半IT」は「ワーク」を意味する。オフィスが海に近接していることから「半サーフィン半IT」を求めて県外から移住してきた社員もいる。
革新的再興期（Ⅱ） Step 2 中間的地域組織の設立やSO集積のための体験施設の整備	2013.5	サイファー・テック㈱本社を「美波Lab」に移す。
	2013.6	地域課題解決を目的とする㈱あわえ[15]を吉田の個人出資で設立。いわゆるパブリックベンチャーである。
	2013.9	関西本社のIT企業・㈱鈴木商店がSOを開設。
	2013.10	㈱兵頭デザイン及び㈱Studio23がSO開設 これ以降，SOの集積が順調に増えていくことになる。開設状況を，年度別に見ると次のとおりとなる。 2012：1 →2013：4 →2014：3 →2015：4 →2016：3 →2017：1 →2018：3　　　　　　　　　　　　　計19
	2015.7	㈱あわえが，SO体験施設「戎邸」を開所。
	2016.4	美波町が民間施設を購入・改修し，SO体験・宿泊施設「城山交流拠点施設」を開所。
成長・安定期への移行期 Step 3 CWSの整備と創発的な価値創造活動の展開	2017.5〜	産学官の「止まらない通信網活用減災推進委員会」[16]を創設し，地域課題である南海トラフ地震から住民の命を守るための新たなシステム構築に着手した。コンソーシアムメンバーにはSO開設企業も参画。
	2018.2	美波町が徳島県の水産研究機関[17]の空きスペースを借り受け，SO仕様にリノベーションして，CWS「ミナミマリンラボ」を開所。上記の委員会活動の拠点施設としても活用されている。

（出典）筆者作成。

3.2 再創造活動を支える重要な要素

新しい地域コミュニティの構築や維持にとって重要な要素である，「地域愛着」「地域プラットフォーム」「学習・伝承システム」に加え，「共創空間としてのコワーキングスペース（CWS）」「創発的な価値創造活動」について確認する。

3.2.1 地域愛着

美波町の事例では，行政，企業，地域という異なる組織や集団に属する複数のリーダーにより，SO集積による再創造活動が進んでいった。行政では影治町長と町長が指名した担当職員が，企業では吉田社長と社長が指名した担当社員が，地域ではSOの重要性を理解する複数住民が，それぞれの領域において役割を担う，ゆるやかに結合するある種の協働組織体である。

SOプロジェクトの始動時には，行政，企業，地域の各主体者が持つSOへの思いはそれぞれ異なっていた。いわば同床異夢の状態からスタートしたと言える。しかし，迷走せず目標とする「にぎやかそ」の方向に進んでいったのは，地域愛着が共通基盤として存在していたからである。これは筆者が徳島県南部総合県民局長として，2012年度の約1年間美波町に在住し，美波町のSOプロジェクトの立ち上げに関わってきたことで強く感じたことである。このことに関連し吉田は次のように述べている。

> 美波町は私の生まれ育った故郷であるが，そこをSO候補地に選んだのは偶然である。故郷に戻って働くなんて，それまでこれっぽっちも思い浮かべなかった。

このように，吉田は，本社のある東京では，会社存立のための人材が確保できないことが，美波町へのSO開設の最大の動機であることは繰り返し述べている。しかし，その後の吉田の行動を見たとき，SO開設を契機に体内に埋め

込まれていた地域愛着が目を覚ましたと言えるだろう。また，美波町職員や地域住民においても，その地域愛着は疑いようがないぐらい強いものがある。地域コミュニティにおいて，多様な人々が共通の目標を持ちながら新たな取組に挑戦していくためには，地域愛着はなくてはならない重要な要素である。

3.2.2　地域プラットフォーム

　美波町には神山町のようなSO誘致に応用可能な地域プラットフォームは存在せず，行政，企業，地域の３者が試行錯誤の中で，地域の実情に適合した地域プラットフォームを模索していった。2013年にパブリックベンチャー・㈱あわえの設立までの間は文字通り手探りの状態が続いたのである。美波町における地域プラットフォームの運営は，㈱あわえと美波町が中心となって担う官民連携型となっている。そのため，SO開設を検討している企業にとっては安定感と信頼感が感じられ，SO集積数県内一の結果を生み出している要因ともなっている。現在は革新的再興期から安定・成長期に移行した状況にあるが，"次の"革新的再興期への円滑な移行は，美波町の強みである官民の絆によって新たな地域プラットフォームへの転換ができるかどうかが鍵を握っている。

3.2.3　学習・伝承システム

　ゼロからスタートし，今や県下一のSO集積数となっている理由はいくつか考えられる。その理由の一つに，再創造活動を通じて学び，そして学んだ知見やノウハウを蓄積する仕組みの存在を上げることができる。第１に，行政，企業，地域という異なる組織や集団がゆるやかに繋がることで協働組織体を形成し，学んだ知見やノウハウが「見える化」され，関係者間で共有化されていることである。第２に，中間的な地域組織として㈱あわえが設立され，専従職員を得たことである。このことにより異なる組織体間において，リーダーだけでなくフォロワーも含めた情報の共有化が図られ，学びを蓄積し，伝承するシステムが強化されたことである。

3.2.4 共創空間としてのコワーキングスペース（CWS）

美波町のCWSは，2016年に町が民間施設を購入・改修し，宿泊機能を備え，SO体験施設としても利用できる「城山交流拠点施設」を開所したところから始まる。しかし，小高い山の上にたつ同施設は，眺望は良いものの町の中心街から離れた場所にあり，SOのお試し体験施設としての活用はできても，多様な人々が交流する共創空間としての機能は発揮しにくい。そこで，2018年に美波町が徳島県の水産研究機関の空きスペースを借り受け，CWS仕様にリノベーションして「ミナミマリンラボ」を開所した（図表7 -17）。同施設は，産学官コンソーシアムの活動拠点となるなど共創空間としての機能を果たしつつある。

3.2.5 創発的な価値創造活動

SO集積に伴って，将来の存続が危ぶまれていた地域の祭りの再生や，空き店舗が目立っていた商店街への新たな店舗の開設が相次ぐなど，地域の文化・経済にプラスの波及効果をもたらしている。また，人口の社会増減において半世紀ぶりに社会人口がプラスに転じるという効果をもたらした。こうした現象とともに新たな価値創造活動が実現しており，その代表例を紹介する。

図表7 -17 公共関与型CWS「ミナミマリンラボ」

（出典）筆者撮影（2019年11月29日）。

(1)　IoTを活用した"止まらない通信網"活用減災推進プロジェクト

　現在，美波町が直面している南海トラフ地震への対応のために，SO開設企業を含む産学官の地域課題解決型のコンソーシアムを立ち上げ，地域住民の協力のもと，IoTを活用した新たな防災・減災システムを構築中である。南海トラフ地震が発災すれば，電力途絶やキャリア通信網の遮断という状況が想定される。そのような場合でも最低限の情報連携や所在場所の特定が出来るよう，IoT技術を活用して，ローカル・ネットワークを構築し，住民の安全・安心の確保を目指したプロジェクトである。既に災害時を想定した住民参加による実証実験を成功裏のうちに終了している。次のステップとして，「普段使いができて初めて災害時に役立つ」という考えから，平時の利活用について，再び住民の協力を得て実証実験を実施したところである。このプロジェクトの特徴は，SO関連企業が3社，地元企業が1社参画するなど，それまで繋がりがなかった関係者が連携し，オープンイノベーションが実現してきていることにある（図表7-18）。コンソーシアムメンバーの明石昌也[18]は次のとおり述べている。

　　　IoTを活用した課題解決型のビジネス創出のためにSOを開設した。期待した以上のスピードで実証実験を進めることができた。これは官民連携というプラットフォームが整備されており，われわれ企業が不得意とする地域との調整にエネルギーを使わなくてもすむところが大きい。また，フラットで自由な関係性の中で異なる組織である企業，大学，行政がコラボしながらコトを進めていくというやり方は，オープンイノベーションの創出には最適ではないかと思っている。

　当初はそれぞれの目的で美波町にSOを開設した異なる組織体が，地域課題をテコにしたビジネスモデル創出のために，ある種の協働事業体を構成するという現象が現れてきている。今後は，新たなメンバーの参画や，異なる視点からのアプローチも取り入れながら協働事業体を進化させ，創発的な価値創造活動を加速させていくことが期待される。

図表7−18 「"止まらない通信網"活用減災推進プロジェクト」のイメージ図

『地域住民の「避難力」向上のためのIoT活用地域活動活性化事業』

災害時　止まらない通信網　×　平時　避難力向上ポイント

【災害に強い自営通信網】
携帯電話が不通でも警報を配信。
家族の避難先が一目でわかり安心。町民の避難状況の
モニタリング逃げ遅れている人の位置を把握可能

【避難力向上ポイント制度】
地域住民の避難力向上のため、住民個人の歩行など健康
増進活動や防災学習会参加などの知力向上に対してポイ
ントを支給し、地域でポイントと引き換えに防災備蓄食
品・グッズと交換できるようにする

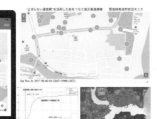

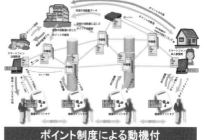

通信不通時にも互いの状況を確認　　　ポイント制度による動機付

総務省公募 平成29年度「IoTサービス事業創出」　　徳島県公募 平成30年度「IoT活用地域活動活性化事業」

(出典)「止まらない通信網活用減災推進委員会」策定。

(2)　デュアルスクールの展開

　デュアルスクールとは，地方と都市の2つの学校の行き来を容易にし，双方で教育を受けることができる教育システムである。地方と都市双方の視点に立った考え方のできる人材を育成するとともに，「二地域居住」や「地方移住」を促進することを目的としている。現行の学校教育制度では2つの学校に籍を置くことは認められていない。そこでデュアルスクールは，「区域外就学制度」を活用することによって，都市部に住民票を置いたまま保護者の短期居住（数週間程度）にあわせて徳島県の学校に学籍を異動させ，受入学校での就学期間も住所地の学校では欠席とならず，双方の学校での出席日数として認められるというシステムである。美波町でのSO集積に伴い，SO開設企業の関係者から生まれたアイディアであり，これを美波町に限定せず徳島県教育員会がこのアイディアを引き継ぎ，新たな教育システムとして全県を対象にした制度

設計を行うようになった。このデュアルスクールは，SO集積による新たな価値創造活動の成果と言うことができ，経済的な波及効果だけでなく，教育を始めとする既存システムに変革をもたらす可能性がある。今後は，国のデジタル化の推進と呼応して，手続きの電子化・簡素化によるデュアルスクールの普及拡大に向けた取組が期待される[19]。

3.3　フェーズ別のリーダーシップ

　SO集積による地域コミュニティの再創造活動のプロセスに沿って，フェーズ別のリーダーシップについて順次考察を行う。

3.3.1　革新的再興期（Ⅰ）－（Ⅱ）

　革新的再興期（Ⅰ）は，人口減少などの環境変化によって，衰退・停滞していく地域コミュニティを，SO誘致により再創造させていく時期にあたる。革新的再興期（Ⅱ）は，官民連携による地域プラットフォームのマネジメントを担う，パブリックベンチャー・㈱あわえが設立され，SO体験施設の開設をはじめSO集積のための体制・基盤づくりの時期にあたる。革新的再興期（Ⅰ），（Ⅱ）を通して，行政，企業，地域という異なる組織や集団に属する複数のリーダーやフォロワーの連携により，SO集積による再創造活動が進んでいった。行政では影治町長と町長が指名した担当職員が，企業では吉田社長と社長が指名した担当社員が，地域ではSOの重要性を理解する複数住民が，それぞれの領域においてリーダーシップを発揮する，組織や集団を超えたシェアド・リーダーシップが見られる。そして，美波町においては，「SOとは何か」から始まるゼロからのスタートであった。このことから，SO集積による再創造活動の有効性について疑問視する声もあった。こうした「意識の壁」を乗り越えるには，地域コミュニティのあるべき姿の提示と率先行動，そして小さな成功事例の積み重ねが必要となる。この時期において，異なる組織・集団に属する複数のリーダーたちが発揮したリーダーシップは，ネガティブな反応に屈せず，共通目標に向かって行動する変革型のリーダーシップであったと言える。

　以上から，革新的再興期のⅠ期及びⅡ期は，シェアド・リーダーシップを基本とした変革型リーダーシップのハイブリッド型リーダーシップ（Ⅰ）が効果を発揮していた時期である。

3.3.2　成長・安定期

　SO集積数も県内一となり，公共関与型のCWSも整備された。さらに，SO開設企業を含む産学官のコンソーシアムが形成され，地域課題である南海トラフ地震に対する新たな防災・減災システムの実証実験にも乗り出した。また，SOで働くことから生まれた新たな教育システムであるデュアルスクールの創設が実現するなど，創発的な価値創造活動が実現しつつある。

　SO誘致のための地域プラットフォームは，神山町のようなベースになるものがなかったため手探りでの構築となった。しかし，㈱あわえが設立された後は，あわえが事務局的機能を果たすことで，官民連携によるバランスのとれた運営がなされている。現状は，複数のリーダーたちによるシェアド・リーダーシップを基本としながら，フォロワーの自律・分散的な活動を下支えし，全体的に協調的な活動を維持するサーバント・リーダーシップに，リーダーシップ・スタイルが移行している。つまり，シェアド・リーダーシップを基本としたサーバント・リーダーシップのハイブリッド型リーダーシップ（Ⅱ）が機能している。

3.3.3　"次の"革新的再興期

　安定・成長期は衰退・停滞期への入口となる。これまでSOプロジェクトを牽引してきたリーダーの中には，新たな展開の必要性を感じている者も存在する。しかし，現時点では"次の"革新的再興期への確かな移行は見られない。他の地域に先行して取り組んでいる，地域課題解決型のコンソーシアムを軸にした新たな挑戦がその糸口となるかもしれない。

3.4　リーダーシップ好循環モデルの有効性

　美波町の再創造活動のプロセスについて，当初の革新的再興期及び安定・成長期においては，リーダーシップ好循環モデルの応用モデルの有効性が確認された。しかし，現時点では，"次の"革新的再興期への移行は確認できていない。以上から，「概ね支持された」と結論づけるのが妥当である。これを図示すると図表 7 − 19及び 7 − 20のとおりとなる。

3.5　まとめ

　美波町には，2019年 3 月末現在で，県内最大数の19の企業がSOを開設している。その業種も，ソフトウェア，デザイン，IoTと多岐にわたっている。行政，企業，地域の思いが異なる，同床異夢の不安定な状態からスタートした美波町でのSOプロジェクトであった。しかし，プロジェクトの展開が進むにつれて，「思い」の融合が起こり，目標の共有がなされるようになった。アクターネットワーク理論の翻訳過程と見なすこともできるプロセスを経てきている。

　美波町の再創造活動プロセスについて，革新的再興期及び安定・成長期においてはリーダーシップ好循環モデルの応用モデルの有効性が確認された。しかし，"次の"革新的再興期への移行については現時点では確認できないことから，全体としては，「概ね支持された」と結論づけた。以上を総括すると図表 7 −21のとおりとなる。

図表7−19 リーダーシップ好循環モデルの応用モデルによる分析

（応用モデル）　　　　　　　　　　（事　例）

"次の"革新的再興期

ハイブリッド型リーダーシップ（Ⅲ）（SL×TFL）へ移行
・硬直化現象を打破する地域プラットフォームへ改革
・学習・伝承システムによる次代への知見・ノウハウの伝承

ハイブリッド型リーダーシップ（Ⅲ）（SL×TFL）への変化は現時点では確認できていない。
"次の"革新的再興期移行に向けて模索中。

安住すれば衰退

成長・安定期

ハイブリッド型リーダーシップ（Ⅱ）（SL×SVL）へ移行
・成長・安定を維持する地域プラットフォームの構築
・創発的価値創造活動に伴う知見・ノウハウの蓄積

ハイブリッド型リーダーシップ（Ⅱ）（SL×SVL）の発揮
・CWS開設
・創発的な価値創造活動の展開（止まらない通信網／デュアルスクール）
・学習・伝承システムの整備（CWSや（株）あわえを通じて）

失敗すれば衰退

革新的再興期

ハイブリッド型リーダーシップ（Ⅰ）（SL×TFL）の発揮
・衰退・停滞を打破する地域プラットフォームの構築
・知見・ノウハウ蓄積のための学習・伝承システムの構築

ハイブリッド型リーダーシップ（Ⅰ）（SL×TFL）の発揮
・革新的再興期（Ⅰ）
SOの誘致・定着のための行政，企業，地域からなる地域プラットフォームの構築
・革新的再興期（Ⅱ）
パブリックベンチャー・（株）あわえ設立
・試行錯誤による知見・ノウハウの蓄積

動かなければ崩壊

衰退・停滞期

衰退・停滞期からの脱却
・地域リーダーたちの地域に対する強い愛着
・フォロワーとの組織・集団の共通目標や危機意識の共有
・自律・分散・協調的活動の促進

衰退・停滞期からの脱却
・地域リーダーたちの強い地域愛着
・人口減少／南海トラフ地震
→新たな枠組みによる官民連携の取組

（注）リーダーシップ・スタイル：変革型＝TFL，サーバント＝SVL，シェア＝SL。
（出典）筆者作成。

図表 7 －20　　リーダーシップ好循環モデルの応用モデル参考図による分析

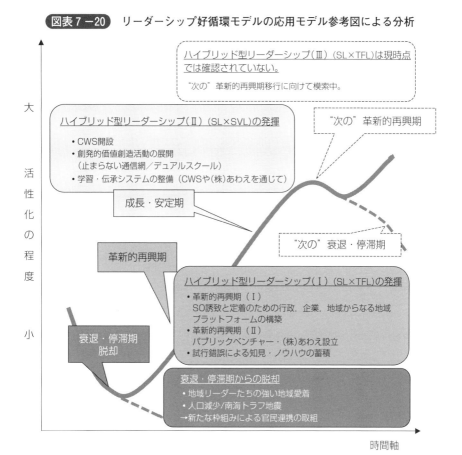

(注) リーダーシップ・スタイル：変革型＝TFL，サーバント＝SVL，シェア＝SL。
(出典) 筆者作成。

図表 7 −21　実証分析対象の事例総括表（美波町の事例）

理念・発展形態	リーダーシップの特徴	リーダーシップ好循環モデルとの適合性	地域プラットフォームの特徴
にぎやかそ（賑やかな過疎） ICT基盤を活用した交流型内発的発展	・神山町と同じく，多様な人々が集い，交流し，新たな価値を創造する地域プラットフォームを構築するリーダーシップである。つまり，地域プラットフォームを通して，フォロワーの自律・分散・協調的な活動をサポートするリーダーシップである。 ・活動始動時には，官民連携によるSL×TFLのハイブリッド型リーダーシップ（Ⅰ）。 ・現在，安定・成長期に移行しており，SL×SVLのハイブリッド型リーダーシップ（Ⅱ）に移行。 ・"次の"革新的再興期への移行は確認できない。したがって，SL×TFLのハイブリッド型リーダーシップ（Ⅲ）への移行も確認できない。	総合的判断 ＝概ね支持された ・変化する＝○ →新たな仕組みをゼロから立ち上げ官民連携の再創造活動によりSO集積が県内一となった。ハイブリッド型リーダーシップ（Ⅰ）から（Ⅱ）に移行。 ・権限によらない＝◎ →行政，企業，地域の官民連携による取組が特徴となっている。行政や企業のリーダーは各組織体の構成員に対しては権限を持つが，地域コミュニティ再創造活動において連携して発揮するリーダーシップは権限によるものではない。なお，実践活動においてはパブリックベンチャーである㈱あわえが重要な調整役を担う。 ・自律・分散的＝◎ ・協調○ →個々のメンバーは各々のミッションを自律的，分散的に遂行しながら，自らの判断で地域課題解決型のプロジェクトに参画し，協調的な活動を行っている。	・神山町とは異なり，既存の地域プラットフォームは存在していなかったことから，SO誘致を目的とする地域プラットフォームの構築からスタート。 ・地域プラットフォームの運営にはパブリックベンチャー・㈱あわえが重要な役割を担っている。 ・地域プラットフォームにより集結してきた産学官のメンバーにより，防災・減災など地域課題解決のための官民連携プロジェクトがスタートしており，創発的な価値創造活動に期待が寄せられている。→"次の"革新的再興期における核となる可能性もあるが現時点では不透明である。

（出典）筆者作成。

●注

1　実証分析では神山町や美波町における，首都圏のIT企業などのSO誘致による再創造活動に関わった，行政，企業，NPO，パブリックベンチャーなどの主要な関係者に対して，2015年11月から2019年11月までの間で複数回のインタビューを実施し，可能な限り多角的な視点から分析を試みている。また，インタビューは同一人物について複数回実施したものもあり，その際に得られた同一趣旨の発言の場合は直近の発言をもとに記述している。インタビューの日時については，第4章の「事例調査対象及び資料収集」（78頁）において総括的に記載している。なお，筆者自身が，SOプロジェクトの始動時（2011年）における行政サイドの総括的責任者であり，それ以降においても，SOプロジェクトの推進に関与してきたことから分析では一部参与型観察の手法も取り入れている。

2　NPOグリーンバレー・信時正人（2016）「神山プロジェクトという可能性」，神田誠司（2018）「神山進化論」，吉田基晴（2018）「本社は田舎に限る」など。

3　古民家の畳敷きの和室にパソコンを持ち込み，仕事をするという素朴な環境であった。SOの原型とも言える。

4　会議の成果は，徳島県が「とくしま集落再生プロジェクト」として取りまとめた。

5　NPOグリーンバレー・信時正人（2016）において記述あり。

6　神山町が工場誘致のために民有地を借り上げ，工場建屋を整備したもの。

7　金物・LPガスなどを扱う経営者。アリス里帰りプロジェクト当時の神領小学校PTA会長。

8　明治から続く呉服屋岩丸百貨店の経営者。神山を訪ねてくる若者の相談相手となっている。

9　AIRはもともと森が温めていた芸術家村構想がベース。ロッジの経営者。

10　NPOグリーンバレー・信時正人（2016）に記述あり。

11　セキュリティソフトの開発販売を行うサイファー・テック㈱の代表取締役社長。

12　県を代表してSO開所の祝辞を述べている筆者。

13　筆者（当時・徳島県南部総合県民局長）と影治信良（美波町長）の間で協議し確認した。なお，確認事項は，美波町には神山町のような中間的な地域組織がないことから，SOオフィスの物件やSO社員の住居の確保などのサポートについては美波町が担うこと，そして，SO誘致推進の窓口を県及び町に置くこと，の2点であった。

14　美波町田井地区にある元県立老人ホームを美波町が県から譲渡を受け，一部施設を宿泊施設兼アトリエに改修した。これは美波町版アーティスト・イン・レジデンスの展開を期待してのことだった。しかし，実績があがらず未使用施設となっていたものを更にSO仕様に改修した。

15　代表取締役は吉田基晴が兼務。

16　構成メンバーは，大学（徳島文理大学・徳島大学），行政（徳島県・美波町），企業（㈱Skeed，㈱あわえ，サイファー・テック㈱，㈱電信など）の産学官のコン

ソーシアム。筆者は座長に就任している。南海トラフ地震による電力途絶，キャリア通信網不通の場合でも，最低限の情報共有，所在確認ができるローカル・ネットワークの構築を，IoT技術を始めとした先進技術を活用して行うもの。SOプロジェクトがなければ実現していないコンソーシアムであり，まさに創発的な価値創造活動の好例である。

17　正式名称は，徳島県立農林水産総合技術支援センター水産研究課（美波）である。

18　㈱Skeedシニアフェローとして，コンソーシアムに参画。

19　デュアルスクールの普及拡大のための手続きの電子化・簡素化については，筆者が座長を務める「徳島県規制改革会議」が，2020年12月に徳島県知事に提言した「徳島県における規制改革について（第5次提言）」に盛り込まれた。

第 **Ⅲ** 部

権限によらない
リーダーシップ好循環モデル
～本書の総括と課題～

第 8 章

総括と今後の課題

1　総括

1.1　本書の問題意識

　本書は2つの主たる目的を設定し，分析を加えてきた。第1に，権限によらないリーダーシップとはどのようなもので，それは組織や集団の再生・活性化に有効なのかを明らかにすることである。第2に，社会のダイナミックな環境変化に対応して，組織や集団が持続可能な成長・発展を遂げるには，リーダーシップもまたダイナミックに変化する必要があるのではないかということを明らかにすることである。

　こうした問題意識を持った背景には，筆者が，研究者として，また活動家として関わってきた過疎地域における地域コミュニティの再創造活動において，3つの疑問を持つことになったからである。第1に，疲弊する地方の地域コミュニティを再創造させるには地域リーダーの存在が鍵を握るとの指摘は先行研究においても数多くなされているが，地域リーダーがどのようなリーダーシップを発揮すれば地域コミュニティの再創造に繋がるのか，といった研究がほとんど見当たらないことである。第2に，会社組織の社長ような権限を持た

ない地域リーダーが，どのようなリーダーシップを発揮すれば地域コミュニティの再創造に向けてフォロワーを力強く導くことができるのかということであり，このことについての先行研究は現時点では確認することができなかったということである。第 3 に，地域コミュニティは，社会の環境変化に応じてダイナミックな動きを示し，それぞれのフェーズに応じて有効なリーダーシップも変化させていくべきであるが，こうした研究も確認できなかったことである。

　このように本書は，地域コミュニティの再創造への関心が発端となって始めた研究が基となっているが，権限によらず社会のダイナミックな環境変化に適合するリーダーシップを探究することは，企業組織を含むより一般的な組織や集団を対象にしたリーダーシップ研究に貢献できるとの思いが，本書執筆の強い動機となっている。

1.2　リーダーシップ論と権限・ダイナミックス

　このような問題意識から，本書はリーダーシップ研究の枠組みを基礎として，社会の環境変化に適応しダイナミックに変化する，権限によらないリーダーシップとはいかなるものかを解明するために，次のようなステップを踏み考察を進めていった。第 1 章では，先行研究をもとに，リーダーシップの影響力の源泉となる権限や権力について考察し，初期のリーダーシップ論（特性アプローチ，行動アプローチ及び状況/コンティンジェンシー・アプローチ）についてその特徴とともに，権限によらないリーダーシップとの関係性について明らかにした。その結果，状況/コンティンジェンシー・アプローチにおいてフォロワーの成熟度という時間軸を導入した一部理論はあるが，組織あるいは集団の総体としてのダイナミックスを加味したものではなく，また，それ以外の初期のリーダーシップ論には「変化するリーダーシップ」という特徴は見出せなかった。

　また，初期のリーダーシップ論は，公式的な地位にあるリーダーが発揮するリーダーシップを，暗黙の前提として検討がなされているようにも思われるが，断定ができない。そこで，リーダーとフォロワーとの関係性について確認する

ことで，権限によるものか否かを考察した。その結果，初期のリーダーシップ論におけるフォロワーは，リーダーの指示を受け行動する受動的な存在であり，フォロワーの積極的な関与を促し共通の目標達成に向かって努力するという，権限によらないリーダーシップとは基本的な点で相違点があることを指摘した。

　次に，第2章では，リーダーとフォロワーとの互恵的な関係性の中にリーダーシップの源泉を見出そうとする互恵的なリーダーシップ（変革型リーダーシップ，サーバント・リーダーシップ及びシェアド・リーダーシップ）について先行研究をもとにその特徴を明らかにした。そして，それらリーダーシップ論が権限によらないリーダーシップとして位置づけ可能か否かの考察を行った。まず，変革型リーダーシップは，衰退・停滞期にある組織や集団を，リーダーとフォロワーが信頼し合って，革新的再興に導くに相応しい力強いリーダーシップと考えられる。しかし，その力強さ故にフォロワーの創造性を抑制する危険性も内包していることから，リーダーとフォロワーとの十分な意思疎通のもと，効果的に活用する必要があることを指摘した。次に，サーバント・リーダーシップは，リーダーが最初にフォロワーに尽くすことでその信頼を得て，フォロワーが自らの意思で，リーダーとともにあるべき姿の実現に向け行動することを促すリーダーシップである。つまり，リーダーとフォロワーとの信頼関係を構築し，熟成させていくことで効果を発揮するリーダーシップであることを明らかにした。そして，革新的再興期においては，新たな視点から力強さや迅速さを持った取組が求められることから変革型リーダーシップが有効であることを，そして，革新的再興期を経て一定の仕組みが構築された安定・成長期においては，サーバント・リーダーシップがより効果を発揮できることを指摘した。

　さらに，シェアド・リーダーシップについては，リーダーとフォロワーが立場を入れ替えつつ協働して活動を展開していくリーダーシップであり，多様な人々が構成する組織や集団の再生・活性化には，効果的なリーダーシップである。しかし，シェアド・リーダーシップは，流動性，多様性，自律性といった，分化に繋がる要素を柱としたリーダーシップであるだけに，目標の共有化など

適切な統合の仕組みが構築されないと，本来の特徴を生かすことができないことを指摘した。

1.3　リーダーシップ好循環モデルの提示

　第 3 章では，それまでの考察をもとに，分析枠組みとして，「リーダーシップ好循環モデル」を提示した。リーダーシップ好循環モデルとは，互恵的なリーダーシップのもつそれぞれの特徴を生かして，社会の環境変化に応じて，革新的再興期にはシェアド・リーダーシップと変革型リーダーシップとの組合せ，成長・安定期にはシェアド・リーダーシップとサーバント・リーダーシップとの組合せ，そして，"次の"革新的再興期にはシェアド・リーダーシップと変革型リーダーシップとの組合せ，といったハイブリッド型リーダーシップが有効であるとの提案である。

　このリーダーシップ好循環モデルは次の 3 つの前提の上に立つ。第 1 に，社会の環境変化に適応して，リーダーシップもまたダイナミックに変化させていくことで組織や集団の活動に好循環が生まれる。第 2 に，権限によらないリーダーシップは，フォロワーとの共通の目標設定のもと，フォロワーの自らの意思による積極的な行動を引き出す互恵的なリーダーシップであり，変革型リーダーシップ，サーバント・リーダーシップ，シェアド・リーダーシップが代表的なリーダーシップである。第 3 に，組織や集団の再生・活性化には，その構成員の自律，分散，協調的な活動を促進することが重要である。

　そして，これらの前提にたって，次の 3 つの仮説からリーダーシップ好循環モデルは構成される。第 1 に，革新的再興期には，シェアド・リーダーシップと変革型リーダーシップのハイブリッド型リーダーシップ（Ⅰ）が有効である。第 2 に，成長・安定期には，シェアド・リーダーシップとサーバント・リーダーシップのハイブリッド型リーダーシップ（Ⅱ）が効果的である。第 3 に，成長・安定期に安住せず，"次の"革新的再興期を目指すことで好循環を持続させることが可能となる。つまり，成長・安定期に何らかの硬直化現象の兆候が見られたら，速やかにシェアド・リーダーシップと変革型リーダーシップと

のハイブリッド型のリーダーシップ（Ⅲ）に切り替えることが必要である。

1.4　地域コミュニティを対象とした実証分析

　第4章では，このリーダーシップ好循環モデルによる地域コミュニティを対象にした実証分析に先立ち，地域コミュニティの固有の問題や分析にあたって重要な要素である諸事項（新しい内発的発展，地域愛着，地域プラットフォーム，学習・伝承システム）について考察を行った。これは，企業や団体などの一般的な組織や集団とは異なる論理で動く，地域コミュニティを分析対象とするには，地域コミュニティの固有の問題や分析に必要な要素を加味した，リーダーシップ好循環モデルの応用モデルを検討する必要があるからである。併せて，実証分析において事例研究法を用いる理由や具体的な事例を選択したことの妥当性についても言及した。

　そして，第5章から第7章にかけては，徳島県内の地域コミュニティの再創造活動に一定の成果を上げている4つ事例（伊座利集落，上勝町，神山町，美波町）を対象に，分析枠組みとしてのリーダーシップ好循環モデルの応用モデルの有効性について検証を行った。

　まず，伊座利集落の事例においては，地域コミュニティのシンボルである伊座利校の廃校の可能性に対する危機意識の共有から始まり，住民全員参加の仕組みづくり，共通の価値観・行動規範である「伊座利ウェイ」の確立などのプロセスを踏んで，地域コミュニティの再創造活動が展開されていった。そして，地域愛着に溢れた複数の人々がリーダーとなり，革新的再興期にはシェアド・リーダーシップと変革型リーダーシップを発揮し，成長・安定期にはシェアド・リーダーシップとサーバント・リーダーシップを発揮するというリーダーシップ・スタイルの変化を確認することができた。ただし，現時点では，"次の"革新的再興期に移行するためのリーダーシップ・スタイルへの確かな変化は確認できなかった。以上から，リーダーシップ好循環モデルの有効性が「概ね支持された」と結論づけた。

　次に，上勝町の事例におけるリーダーシップは，当初の革新的再興期におい

ては，葉っぱビジネスの提唱者である横石のリーダーシップによるところが大きく，そのリーダーシップ・スタイルは単独の変革型リーダーシップであった。その意味では他の事例とは異なり，シェアド・リーダーシップとはなっていない。その後，安定・成長期に移行するにつれて，横石自身が意識的にリーダーシップ・スタイルをサーバント・リーダーシップへと変化させるとともに，葉っぱビジネスを支える3つの組織体（企画営業担当の㈱いろどり，生産農家集団の「彩部会」，物流担当の「JA上勝支所」）のリーダーが得意分野で一定の役割を担う，広義のシェアド・リーダーシップを基本としたサーバント・リーダーシップを発揮している。現在，"次の"革新的再興期に向けた取組も見られるが，リーダーシップ・スタイルの確かな変化を確認するにまでは至っていない。以上から，リーダーシップ好循環モデルの有効性については，「部分的に支持された」と結論づけた。

　次に，神山町の事例におけるリーダーシップは地元では「浮遊するリーダーシップ」と呼ばれているように，複数のリーダーによるシェアド・リーダーシップである。また，そのリーダーシップは，個々のフォロワーに向き合い導くというよりも，フォロワーの自律・分散・協調的な活動を促す地域プラットフォームを設計，維持，改善するリーダーシップとなっている。革新的再興期は3期に分類できるが，その時期の基本形となっているリーダーシップ・スタイルは，シェアド・リーダーシップを基本とした変革型リーダーシップである。成長・安定期においてのリーダーシップ・スタイルは，シェアド・リーダーシップを基本としたサーバント・リーダーシップである。現在，"次の"革新的再興期に向けた行動がとられつつある。しかし，リーダーシップ・スタイルの確かな移行を確認するまでには至っていない。以上から，リーダーシップ好循環モデルの有効性については，「概ね支持された」と結論づけた。

　次に，美波町の事例においては，行政，企業，地域という異なる組織・集団に属する複数のリーダーが，地域コミュニティ再創造のために連携してシェアド・リーダーシップを発揮している。革新的再興期は大きく2つの時期に分類されるが，そのリーダーシップはシェアド・リーダーシップを基本とした変革

型リーダーシップである。現在は，成長・安定期の時期にあたる。その基本となるリーダーシップ・スタイルは，シェアド・リーダーシップを基本としたサーバント・リーダーシップである。"次の"革新的再興期に向けては模索中であり，リーダーシップ・スタイルの確かな変化は確認できていない。以上から，美波町の事例におけるリーダーシップ好循環モデルの有効性については，「概ね支持された」と結論づけた。

2　本書の理論面と実践面における特色

2.1　理論面での特色

　まず，本書の理論面における特色である。第1に権限によらないリーダーシップの考察ということである。リーダーシップに関する理論的研究の対象は，特定の目的達成のために組織化され，権限により統制されている企業や行政組織が中心である。必然的にリーダーシップ研究も権限によるリーダーシップが前提となってくる。一方，本書は組織や集団における権限によらないリーダーシップの有効性について考察を行っている。それは権限の有無に関わらず，換言すれば，仮に権限を持ち得たとしても，それによらないリーダーシップのあり方を探求するものでもある。第2の特色は，社会のダイナミックな環境変化に対応して，リーダーシップもダイナミックに変化させていく必要があるという点である。状況に応じたリーダーシップの変化ということに関しては，状況/コンティンジェンシー・アプローチがあり，代表的なものに，Fiedler（1964，1967）のLPCモデルや，House（1971）のPath-Goal Theoryなどがある。それらの共通点として，「業績をあげる唯一無二のリーダー行動があるのではなく，状況に応じたリーダー行動が有効」（鈴木，2018）という考え方があり，ある時点の状況を捉えて，タスク志向と人間関係志向の行動の組合せでリーダーシップ・スタイルを論ずるものである。そうした意味では静態的な分析といえる。そこには，基本的には時間軸の概念が組み込まれていないからである。そ

の中にあって，Hersey & Blanchard（1977）の状況対応型リーダーシップ理論（Situational Leadership Theory）は，フォロワーの準備性（Readiness）の度合い，すなわち，フォロワーの成熟度（職務に必要な能力・知識・技術の習熟度や熟練度，態度や意欲の充実度）に注目する理論であり，時間軸を取り入れた理論として知られている。フォロワーの成熟度の発達に応じて，指示型リーダーシップ，説得型リーダーシップ，参加型リーダーシップ，委任型リーダーシップを選択すべきというものであり，こうしたことからライフサイクル理論とも呼ばれている。本書においては，Hershey & Blanchard（1977）のメンバーの成熟度の発達過程に対応して，有効なリーダーシップも変化するという考え方を参考にしながら，個々の構成員の成熟度というよりも，組織や集団の総体としてのダイナミックスに適応したリーダーシップのあり方を探求するところに特色がある。

　これら2つの特色を軸として，組織や集団の再生・活性化に資する，権限によらず，社会の環境変化に適応しダイナミックに変化するリーダーシップとして，新たに「リーダーシップ好循環モデル」を提示した。このリーダーシップ好循環モデルは，リーダーとフォロワーとが水平的な関係のもとで，フォロワーの自律，分散，協調的な活動を促すことで共通目標の実現を目指す，権限によらないリーダーシップである。そして，それは組織や集団の成長・発展に関わる全体プロセスの中で好循環をもたらす効果的なリーダーシップモデルであり次の仮説により構成されている。第1に，停滞・衰退期の状況にある組織や集団を革新的再興期に導くには，シェアド・リーダーシップと変革型リーダーシップのハイブリッド型リーダーシップが有効である。第2に，革新的再興期から成長・安定期に移行した後は，シェアド・リーダーシップとサーバント・リーダーシップのハイブリッド型リーダーシップが効果的である。第3に，成長・安定期に安住せず，"次の"革新的再興期を目指すためには，シェアド・リーダーシップと変革型リーダーシップとのハイブリッド型のリーダーシップに切り替える必要がある。このようにリーダーシップ好循環モデルは，組織や集団の成長・発展には，「停滞・衰退期→革新的再興期→成長・安定期

→“次の”革新的再興期」といった好循環の輪を実現することが重要であり，これを実現するリーダーシップが，「リーダーシップ好循環モデル」であることを示したことが，本書の理論面での特色である。

2.2　実践面での特色

　次に，実践面における特色である。リーダーシップ好循環モデルの有効性については，地域コミュニティを対象に実証分析を行った。その結果，4つの事例については，リーダーシップ好循環モデルの有効性が，「概ね支持された」または「部分的に支持された」と結論づけたところである。次表は検証結果を一覧にまとめたものである（図表8−1）。表中，「フェーズ」欄は，該当事例が属するフェーズについて，現状は「◎」，新たな展開に移行中または模索中の場合は「○」，で示している。また，「リーダーシップ好循環モデルとの適合性」の欄は，第5章から第7章にかけて分析してきた総括表と一致させている。

　なお，「支持されなかった部分」としては，“次の”革新的再興期という，新たなフェーズに対応したリーダーシップ・スタイルへの確かな移行までは確認できなかったことにある。この点ついては，第4章において，「選択した事例の持つ優位性と限界」として詳述している。本書において分析対象とした4つの事例は，その置かれたフェーズが，衰退・停滞期を脱却し，革新的再興期から成長・安定期を経て，“次の”革新的再興期への移行に踏み出したところか，踏み出そうとしている状況にあるということである。このことは，「衰退・停滞期→革新的再興期→成長・安定期」までのプロセスは事実に基づいた客観的な分析が可能となることを意味するものである。しかし，「成長・安定期→“次の”革新的再興期」へのプロセスについての分析は，自ら限界があるということをも意味する。つまり，リーダーシップ好循環モデルにおける衰退・停滞期から“次の”革新的再興期への全プロセスの検証には課題が残る事例ということになる。

　こうした課題はあるが，選択した事例は，革新的な手法により地域コミュニティの再創造に一定の成果を上げていると全国的にも評価されている事例であ

図表 8 － 1　実証分析による事例別検証結果比較表

事例	フェーズ 現状（◎）移行・模索中（○）			リーダーシップ好循環モデルとの適合性 高い（◎）普通（○）低い（△）					リーダーシップ・スタイルの特徴
	革新的再興期	安定成長期	"次の"革新的再興期	変化する	権限によらない	自律分散	協調	総合的判断	
伊座利		◎ →	○	○	◎	○	◎	概ね支持	革新的再興期 SL×TFL 成長・安定期 SL×SVL
上勝		◎ →	○	○	◎	○	◎	部分的に支持	革新的再興期 単独TFL 成長・安定期 SL×SVL （*広義のSL）
神山		◎ →	○	○	◎	◎	○	概ね支持	革新的再興期 SL×TFL 成長・安定期 SL×SVL
美波		◎ →	○	○	◎	◎	○	概ね支持	革新的再興期 SL×TFL 成長・安定期 SL×SVL

（注）リーダーシップ・スタイル：変革型＝TFL，サーバント＝SVL，シェアド＝SL。
（出典）筆者作成。

り，それぞれの地域コミュニティの再生・活性化の始動時より重要な役割を果たしてきた中核的な地域リーダーが，今もなお活動を継続しているという共通点を持つ。このことは，公開資料などに依存せざるを得ない歴史的な事例を研究対象とすることとは異なり，インタビューによって貴重な一次情報が得られる対象であるということを意味する。分析対象として選択した理由がそこにある。なお，これら事例においては，"次の"革新的再興期への移行の重要性を地域リーダーらは認識しており行動も取りつつある。成長・安定期から"次の"革新的再興期への移行に伴うリーダーシップの変化は，今後の残された課

題として，引き続き研究していくこととしている。

　なお，上勝町の事例は，他の事例よりも限定的な結論－「部分的に支持された」－としたのは，革新的再興期には単独のリーダーによる変革型リーダーシップによって再創造活動が展開され，安定・成長期に移行してからは広義のシェアド・リーダーシップとサーバント・リーダーシップのハイブリッド型リーダーシップ（Ⅱ）に変化するという，リーダーシップ好循環モデルの想定するものとはやや異なるプロセスを経ているからである。

　以上，同じ徳島県内とは言え，地理的条件や歴史的・文化的背景の異なる地域コミュニティにおいて，リーダーシップ・スタイルに一定の類似性が見て取れるところである。今後，4つの事例の継続的分析や，他の地域コミュニティの分析を行うことで，リーダーシップ好循環モデルの信頼度を高め，地域コミュニティの再創造活動に貢献できる可能性が得られたことが，本書の実践面における特色である。

3　今後の検討課題

　今後の検討課題としては次の6点が考えられる。

　第1に，今回の実証分析においては，対象とした事例が成長・安定期から"次の"革新的再興期に移行中または模索中であり，リーダーシップ好循環モデルの"次の"革新的再興期におけるハイブリッド型リーダーシップ（Ⅲ）の確かな変化までが確認できていない。本書で取り上げた事例はもとより，全国的な視野から新たな事例も研究対象に加え，その存在を確認することで，リーダーシップ好循環モデルの分析枠組みとしての信頼性を高めていく必要がある。

　第2に，本書では，徳島県内における地域コミュニティの再創造活動を事例に分析を行ってきた。取り上げた事例はすべて再創造に一定の成果を上げている事例であり，ある種の逸脱事例と言える。リーダーシップ好循環モデルの理論の一般化と精緻化を図っていくためには，全国的な視野から再創造活動の失敗事例も研究対象とし，リーダーシップ好循環モデルの分析枠組みと照らし合

わせながら，その直接的な失敗要因はもとより，地域の歴史的文化的な背景などを含めた分析を行う必要がある。こうした失敗事例の調査・分析は困難を伴うが，「ともに再創造活動に再チャレンジする」という基本スタンスを持ち，関係者の理解と協力を得て実施していきたい。

　第3に，リーダーシップ好循環モデルは，組織や集団の置かれたフェーズに関わらずシェアド・リーダーシップを基本としている。これはシェアド・リーダーシップが，リーダーとフォロワーが立場を入れ替えつつ協働して活動を展開していくリーダーシップであり，他のリーダーシップと効果的に組み合わせることで，多様な人々が構成する組織や集団の再生・活性化に有効であると考えたからである。このことに関連し，研究開発チーム・リーダーの変革型リーダーシップがシェアド・リーダーシップに正の影響を与えるとの先行研究（石川，2013）があるが，より一般化した組織や集団を対象にしたものや，サーバント・リーダーシップとの関係性についての研究は現時点では確認できていない。今後，シェアド・リーダーシップと，変革型リーダーシップやサーバント・リーダーシップとの関係性について，定量的手法も含め分析を試み，シェアド・リーダーシップを基本とすることの意義をより一層明確にしたい。

　第4に，シェアド・リーダーシップは流動性，多様性，自律性といった分化に繋がる要素を柱としたリーダーシップであることから，目標の共有化といった適切な統合がなされないと効果を発揮しない。分化を阻害しない共通目標を，誰が，どのような内容で，いかに設定するのかを明らかにすることは，リーダーシップ好循環モデルの実践面での有効性を高めるためには不可欠であり，その検討を行いたい。

　第5に，本書においては，地域コミュニティを対象としたが，このリーダーシップ好循環モデルを活用し，企業や団体など一般的な組織や集団を対象に実証分析を行うことで，より汎用性の高い分析モデルの構築を行っていきたい。また，より汎用性の高い分析モデルの構築にあたって，可能な限り定量的分析を試みるなど，リーダーシップ好循環モデルにおけるリーダーシップ・スタイルの変化のメカニズムを総合的に考察することで，理論的な精緻化を図ってい

きたい。

　第6に，リーダーシップ好循環モデルを実現する人材の確保・育成について
である。いかに精緻なモデルが構築されたとしても，それを担う人材の確保・
育成がなければ「絵に描いた餅」になる。リーダーシップ開発の先行研究を踏
まえ，リーダーシップ好循環モデルに相応しいリーダーシップ開発とは何かに
ついて研究を進める必要がある。

　以上の課題に真摯に取り組むことにより，権限によらないリーダーシップ好
循環モデルの精緻化や信頼性の向上に努め，リーダーシップ論研究の進歩と，
実践課題解決へ貢献していきたいと考えている。

【引用・参考文献】

〈洋文献〉

Avolio, B.J., Jung, D.I., Murry, W. & Sivasubramaniam, N.（1996）"Building highly developed teams: Focusing on shared leadership process, efficacy, trust, and performance," *Advances in Interdisciplinary Studies of Work Teams: Team leadership*, Vol.3, pp.173-209.

Bass, B.M.（1985）*Leadership and performance beyond expectations*, New York: Free Press.

Bass, B.M. & Avolio, B.J.（1990）*Transformational Leadership Development*：*Manual for the Multifactor Leadership Questionnaire*, Palo Alto, CA: Consulting Psychologists Press.

Bass, B.M. & Avolio, B.J.（1993）. *Transformational Leadership: A response to Critiques*. In M.M. Chemers & R.Ayman（Eds.）, *Leadership Theory and Research: Perspectives and Directions*, San Diego: Academic Press, pp.49-80.

Blake, R.R. & Mouton, J.S.（1964）*The Managerial Grid*, Houston, Texas, Gulf Pubulishing Company.

Burns, J.M.（1978）*Leadership*, NewYork , Harper & Row.

Carson, J.B., Tesluk, P.E. & Marrone, J.A.（2007）. Shared Leadership in teams: An investigation of Antecedent Conditions and Performance. Academy of Management Journal, 50, 1217-1234.

Chemers, M.M.（1997）*An Integrative Theory of Leadership*, Lawrence Erlbaum Associates.（白樫三四郎訳編『リーダーシップの統合理論』北大路書房，1999.）

Covey, S.R.（1989）*The Seven Habits of Highly Effective People*, Simon & Schuster.（フランクリン・コヴィー・ジャパン訳『完訳7つの習慣―人格主義の回復―』キングベアー出版，2013.）

Daft, R.L.（2001）*Essentials of Organization Theory and Design, 2 nd*., South-Western college Publishing.（髙木晴夫訳『組織の経営学―戦略と意思決定を支える―』ダイヤモンド社，2002.）

Fiedler, F.E.（1964）"A Contingency Model of Leadership Effectiveness," *Advances in Experimental Social Psychology*, Vol.1, pp.149-190.

Fiedler, F.E.（1967）*A Theory of Leadership Effectiveness*, New York, McGraw-Hill.（山田雄一監訳『新しい管理者像の探求』産業能率短期大学出版部，1970. ）

Freiberg, K. & Freiberg, J.（1996）*NUTS！*：*Southwest Airlines' Crazy Recipe for Business and Personal Succsess*, Bard Books.（小幡照雄訳『破天荒！サウスウエスト航空―驚愕の経営』日経BP社，1997.）

French, J.R.P. & Raven, B.H.（1959）"The Bases of Social Power," in D.Cartwright ed., *Studies in Social Power*, Ann Arbor: Institute for Social Research, University of Michigan, pp.150-167.（佐藤静一訳「社会的勢力の基礎」三隅二不二・佐々木薫訳編『グループ・ダイナミックスⅡ』，誠信書房，1959.）

Gao, J. & Alas, R.（2010）"The impact of crisis on enterprise life-cycle," *Problems and Perspectives in Management*, Vol.8, 2, pp.9-20.

Garvin, D.A.（1993）"Building a Learning Orgnization," *Harvard Business Review, July Aug*, pp.78-91.

Greenleaf, R.K.（1970）*The servant as leader*, Indianapolis, IN: Greenleaf Center.

Greenleaf, R.K.（1977）*Servant Leadership：A journey into the Nature of Legitimate Power & Greatness*, Paulist Press.（金井壽宏監訳・金井真弓訳『サーバントリーダーシップ』英治出版，2008.）

Greenleaf, R.K.（1998）*The Power of Servant Leadership*, Berrett-Koehler Publishers.（野津智子訳『サーバントであれ—奉仕して導く，リーダーの生き方—』，英治出版，2016.）

Greiner, L.E.（1972）"Evolution and Revolution as Organizations Grow," *Harvard Business Review, July-August*, pp.37-46.

Grille, A. & Kauffeld, S.（2015）"Development and PreliminaryValidation of the Shared Professional Leadership Inventory forTeams（SPLIT)," *Psychology*, 6, pp.75-92.

Heifetz, R.A（1998）*Leadership Without Easy Answers*, Belknap Press：An Imprint of Harvard University Press.（幸田シャーミン訳『リーダーシップとは何か！』，産能大学出版部，1996.）

Heifetz, R.A, Linsky, M. & Grashow, A.（2009）*The Practice of Adaptive Leadership: Tools and Tactics for changing your organization and the world*, Harvard Business Review Press.（水上雅人訳『最難関のリーダーシップ—変革をやり遂げる意志とスキル—』英治出版，2017.）

Hersey, P. & Blanchard, K.H.（1977）*Management of Organizational Behavior: Utilizing Human Resources*, Prentice-Hall.（山本成二・水野基・成田攻訳『入門から応用へ　行動科学の展開—人的資源の活用—』日本生産性本部，1978）

Hesse, H.（1932）*Die Morgenlandfahrt*, Suhrkamp Verlag.（日本ヘルマン・ヘッセ友の会・研究会編訳『ヘルマン・ヘッセ全集第13巻』所収「東方への旅」臨川書店，2006, pp.227-285.）

Hidalgo, M.C. & Hernàndez, B（2001）"Place attachment: conceptual and empirical questions," *Journal of Environmental Psychology*, 21, 3, pp.273-281.

House, R.J.（1971）"A Path Goal Theory of Leader Effectiveness," *Administrative Science Quarterly*, Vol.16, 3, pp.321-339.

House, R.J.（1977）"A 1976 Theory of Charismatic Leadership," in J.G.Hunt & L.

L.Larson eds., *Leadership: The Cutting Edge*, Carbondale: Southern Illinois University Press, pp.189-207.

Hummon, D.M.（1992）"Community Attachment: Local Sentiment and Sense of Place," Human Behavior & Environment：*Advances in Theory & Research*, Vol.12, pp.253-278.

Hunter, J.C.（1998）*The Servant：a simple story about the true essence of leadesrship*, The Crown Publising Gruop.（髙山祥子訳『サーバント・リーダー』海と月社，2012.）

Judge, T.A., Bono, J.E., Ilies, R. & Gerhardt, M.W.（2002）"Personality and Leadership: A Qualitative and Quantitative Review", *Journal of Applied Psychology*, Vol.87, 4, pp.765-780.

Kelly, R.E.（1992）*The power of followership*, New York, Doubleday.

Kirkpatrick, S.A. & Locke, E.A.（1991）"Leadership : do traits matter?," *Academy of Management Executive*, Vol.5, 2, pp.48-60.

Komives, S.R., Lucas, N. & McMahon, T.R.（2013）*Exploring Leadership*, Jossey-Bass.（日向野幹也監訳，泉谷道子，丸山智子，安野舞子訳『リーダーシップの探求―変化をもたらす理論と実践―』早稲田大学出版部，2017.）

Kotter, J.P.（1990）"What Leaders Really do," *Harvard Business Review*, May-June.（黒田由貴子・有賀裕子訳『リーダーシップ論―人と組織を動かす能力―第2版』ダイヤモンド社，2012，pp.41-74.）

Kotter, J.P.（1995）"Leading change : Why Transformation Efforts Fail," *Harvard Business Review*, May-June.（黒田由貴子・有賀裕子訳『リーダーシップ論―人と組織を動かす能力―第2版』ダイヤモンド社，2012，pp.75-102.）

Kotter, J.P.（1999）*Leadership at the Turn of Century*, Harvard Business School Press.（黒田由貴子・有賀裕子訳『リーダーシップ論―人と組織を動かす能力―第2版』ダイヤモンド社，2012，pp.3-40.）

Lave, J. & Wenger, E.（1991）*Situated learning: Legitimate peripheral participation*, Cambridge: Cambridge University Press.

Lawrence, P.R. & Lorsch, J.W.（1967）*Organization and environment : Managing differentiation and integration*, Harvard Business School Press.

Lord, R.G., De Vader, C.L. & Alliger, G.M.（1986）"A meta-analysis of the relation between personality traits and leadership perceptions: An application of validity generalization procedures," *Journal of Applied Psychology*, Vol.71, 3, pp.402-410.

Low, S.M. & Altman, I.（1992）*Place attachment: a conceptual inquiry*, New York, Plenum Press.

MacIver, R.M.（1917）*Community, a Sociological Study : Being an Attempt to Set Out the Nature and Fundamental Laws of Social Life*, Macmillan and co.（中久

郎・松本通晴監訳『コミュニティ―社会学的研究：社会生活の性質と基本法則に関する一試論』ミネルヴァ書房，2009.）

Mann, R.D.（1959）"A review of the relationships between personality and performance in small groups," *Psychological Bulletin*, Vol.56, 4, pp.241-270.

Northouse, P.G.（2016）*Leadership: theory And practice*（7th ed）, Sage Publications.

Parolini, J., Patterson, K. & Winston, B.（2009）"Distinguishing between transformational and servant Leadership," *Leadership & Organization Development Journal*, Vol.30, 3, pp.274-291.

Pearce, C.L. & Conger, J.A.（2003）*Shared Leadership: Reframing the Hows and Whys of Leadership*, Sage Publications.

Quinn, R. E. & Cameron, K.（1983）"Organizational life Cycles and Shifting Criteria of Effectiveness: Some Preliminary Evidence," *Management Science*, Vol.29, 1, pp.33–51.

Raven, B.H. & Kruglanski, A.W.（1970）"Conflict and Power", In P.Swingle ed, *The structure of conflict*, New York: Academic Press.

Robbins, S.P.（2005）*Essentials of Organizational Behavior, 8 th edition*, Prentice Hall.（高木晴夫訳『組織行動のマネジメント―入門から実践へ』ダイヤモンド社，2009.）

Robbins, S.P., DeCenzo, D.A. & Coulter, M.（2013）*Fundamentals of Management : Essential Concepts & Applications, 8 th Edition,* Peason Education.（髙木晴夫監訳『マネジメント入門―グローバル経営のための理論と実践―』ダイヤモンド社，2014.）

Sanders, B.A.（1995）*Fabled Service*, Jossey-Bass.（和田正春訳『サービスが伝説になる時』ダイヤモンド社，2014.）

Senge, P.M.（1990, 2006）*The Fifth Discipline*：*The Art & Practice of the Learning Organization* , Doubleday / Currency.（枝廣淳子・小田理一郎・中小路佳代子訳『学習する組織―システム思考で未来を創造する―』英治出版，2011, 2016.）

Smith, B.N., Montagno, R.V. & Kuzmenko, T.N.（2004）"Transformational and Servant Leadership: Content and Contextual Comparisons," *Journal of Leadership &Organizational Studies*, Vol.10, 4, pp.80-91.

Spears, L.C.（1998）. *Insights on leadership: Service, stewardship, spirit, and servant-leadership.* New York, NY: John Wiley.

Spears, L.（2002）. *Tracing the Past, Present, and Future of Servant-Leadership.* In L. Spear & M. Lawrence（Eds.）, *Focus on Leadership: Servant-Leadership for the 21st century*, New York: willy, pp.1-16.

Spector, R. & McCarthy, P.D.（1999）THE *NORDSTROM WAY: The Inside Story of America's #1 Customer Service Company, 2nd Edition,* John Wiley & Sons.

（山中鎭監訳・犬飼みずほ訳『ノードストローム・ウエイ（新版）―絶対にノーと言わない百貨店』日本経済新聞出版社，2001.）

Stogdill, R.M.（1948）"Personal Factors Associated with Leadership: A Survey of the Literature," *The Journal of Psychology,* Vol.25, 1, pp.35-71.

Stogdill, R.M.（1974）*Handbook of Leadership: A survey of Theory and Research,* New York: Free Press.

Stone, A.G., Russell, R.F. & Patterson, K.（2004）"Transformational versus Servant Leadership: A Difference in Leader Focus," *Leadership & Organization Development Journal,* Vol.25, 4, pp.349-361.

Tuckman, B.W. & Jensen, M.A.C.（1977）"Stages of Small- Group Development Revisited," *Group & Organization Management,* Vol.2, 4, pp.419-427.

van Dierendonck, D., Stam, D., Boersma, P., de Windt, N. & Alkema, J.（2014）"Same difference? Exploring the differential mechanisms linking servant leadership and transformational leadership to follower outcomes," *The Leadership Quarterly,* Vol.25, pp.544-562.

Watkins, K.E. & Marsick, V.J.（1993）*Sculpting the Learning Organization: Lessons in the Art and Science of Systemic Change,* Jossy-Bass Pubulishers.

Wenger, E., McDermott, R. & Snyder, W.M.（2002）*Cultivating Communities of practice,* Harvard Business School Press.（野村恭彦監修，櫻井祐子訳『コミュニティ・オブ・プラクティス―ナレッジ社会の新たな知識形態の実践』翔泳社，2002.）

Yin, R.K.（1994）*Case Study Research 2/e,* Sage Publications.（近藤公彦訳『新装版ケース・スタディの方法（第2版）』千倉書房，2011.）

Yukl, G.（2013）*Leadership in Organizations,* 8th ed, Pearson Education.

Zaccaro, S.J., Kemp, C. & Bader, P.（2004）"Leader traits and attributes," *The nature of leadership,* Sage Publications, pp.101–124.

Zhu, J., Liao, Z., Yam, K.C. & Johnson, R.E.（2018）"Shared Leadership：A State-of-the-art review and future reserach agenda," *Journal of Organizational Behavior,* Vol.39, 7, pp.834-852.

〈日本語文献〉
池田浩編著（2017a）『産業と組織の心理学』サイエンス社.

池田浩（2017b）「サーバント・リーダーシップ」坂田桐子編著『社会心理学におけるリーダーシップ研究のパースペクティブII』ナカニシヤ出版.

池田守男（2007）「資生堂が目指した『店頭基点』の経営改革」池田守男・金井壽宏『サーバント・リーダーシップ入門』かんき出版，pp.95-114.

飯盛義徳（2015）『地域づくりのプラットフォーム―つながりをつくり，創発をうむ

　　仕組みづくり―』学芸出版社.

伊座利小学校・由岐中学校伊座利分校「平成31年度学校要覧」.

石川淳（2009）「変革型リーダーシップが研究開発チームの業績に及ぼす影響：変革
　　型リーダーシップの正の側面と負の側面」『組織科学』Vol.43，No.2，pp.97-112.

石川淳（2013）「研究開発チームにおけるシェアド・リーダーシップ：チーム・リー
　　ダーのリーダーシップ，シェアド・リーダーシップ，チーム業績の関係」『組織
　　科学』Vol.46，No.4，pp.67-82.

石川淳（2016）『シェアド・リーダーシップ―チーム全員の影響力が職場を強くする
　　―』中央経済社.

石川菜央（2015）「徳島県上勝町における地域ブランドの確立と移住者による認知」
　　『広島大学総合博物館研究報告』第7号，pp.1-14.

伊丹敬之・加護野忠男（2003）『ゼミナール経営学入門第3版』日本経済新聞出版社.

市井三郎（1971）『歴史の進歩とはなにか』岩波書店.

入山章栄（2016）「世界標準の経営理論」『Harvard Business Review』第41巻，第5
　　号，pp.124-135.

NPO法人グリーンバレー・信時正人共著（2016）『神山プロジェクトという可能性―
　　地方創生，循環の未来について』廣済堂出版.

大月博司（2018）『経営のロジック―謎が多いから面白い経営学の世界―』同友舘出
　　版.

小川哲司・遊橋裕泰・西垣正勝（2016）「市場支配力を高めるいろどりのICTソーシャ
　　ルビジネス」『経営情報学会・2016年秋季全国研究発表大会』.

小田切徳美（2018）「農村ビジョンと内発的発展論」小田切徳美・橋口卓也編著『内
　　発的農村発展論 理論と実践』農林統計出版，pp.1-20.

小田切徳美・橋口卓也（2018）「内発的発展の展開に向けて」小田切徳美・橋口卓也
　　編著『内発的農村発展論 理論と実践』農林統計出版，pp.341-358.

小田宏信・遠藤貴美子・藤田和史（2019）「徳島サテライトオフィス・プロジェクト
　　の政策形成とその展開」『成蹊大学経済学部論集』第50巻，第1号，pp.29-53.

小野善生（2014）「リーダーシップ」開本浩矢編著「入門組織行動論（第2版）」中央
　　経済社，pp.127-142.

小野善生（2016）『フォロワーが語るリーダーシップ―認められるリーダーの研究
　　―』有斐閣.

小野善生（2018）『リーダーシップ徹底講座―すぐれた管理者を目指す人のために
　　―』中央経済社.

片岡寛光（2018）『リーダーの人間学』中央経済社.

金井壽宏（2007）「サーバント・リーダーシップとは何か」池田守男・金井壽宏『サー
　　バント・リーダーシップ入門』かんき出版，pp.20-88.

金子郁容（2008）『日本で「一番いい」学校―地域連携のイノベーション―』岩波書

　　店.

金子勇（2005）『Winnyの技術』アスキー.

上勝町（2015）「上勝町地域創生人口ビジョン」.

神山町（2018）「神山町創生戦略，人口ビジョン―まちを将来世代につなぐプロジェクトv.l.2」.

神田誠司（2018）『神山進化論―人口減少を可能性に変えるまちづくり―』学芸出版社.

経済企画庁（1969）「国民生活審議会調査部会コミュニティ問題小委員会報告『コミュニティ：生活の場における人間性の回復』.

国土交通省（2016）「過疎地域等条件不利地域における集落の現況把握調査」.

国土交通省・国土審議会計画推進部会・住み続けられる国土専門委員会（2019）「2019年とりまとめ―新たなコミュニティの創造を通じた新しい内発的発展が支える地域づくり―」.

國領二郎・飯盛義徳編著（2007）『「元気村」はこう創る―実践・地域情報化戦略―』日本経済新聞出版社.

國領二郎・プラットフォームデザインラボ編著（2011）『創発経営のプラットフォーム―協働の情報基盤づくり―』日本経済新聞出版社.

真田茂人（2011）「今，注目される本物のリーダーシップ『サーバントリーダーシップ』」『企業と人材』2011年10月号，pp.72-74.

真田茂人（2012）『奉仕するリーダーが成果を上げる！　サーバント・リーダーシップ実践講座』中央経済社.

柴田学（2014）「地域福祉におけるコミュニティ・ビジネスの可能性:コミュニティ・ビジネスの実践事例をもとに」『Human Welfare』第6巻，第1号，pp.77-92.

鈴木春菜・藤井聡（2008a）「『消費行動』が『地域愛着』に及ぼす影響に関する研究」『土木学会論文集D』Vol.64，No.2，pp.190-200.

鈴木春菜・藤井聡（2008b）「地域愛着が地域への協力行動に及ぼす影響に関する研究」『土木計画学研究・論文集』Vol.25，No.2，pp.357-362.

鈴木竜太（2018）『経営組織論』東洋経済新報社.

鈴木竜太・服部泰宏（2019）『組織行動―組織の中の人間行動を探る―』有斐閣.

総務省コミュニティ研究会（2007）「地域コミュニティの現状と問題（未定稿）」.

総務省（2015）「平成27年国勢調査」.

総務省（2019）「地方公共団体が誘致又は関与したサテライトオフィスの開設状況調査結果」.

田井義人・松永公廣（2009）「福祉サービスとしての徳島県上勝町のいろどり事業のイノベーション普及分析」『情報文化学会誌』第16巻，第2号，pp.31-37.

武田康裕・近藤修司（2008）「社会起業家による社会的事業創造の促進プロセス―徳島県上勝町の『彩事業』を通じて―」『経営情報学会　2008年春季全国研究発表

大会』.

辻田素子（2016）「徳島県上勝町―U・Iターン者の定住・起業と地域づくり―」松岡憲司編著『人口減少化における地域経済の再生―京都・滋賀・徳島に見る取り組み―』新評論，pp.135-168.

徳島県（2012）『とくしま集落再生プロジェクト』.

徳島県（2016）「過疎地域等条件不利地域における集落の把握調査」.

床桜英二（2018）「徳島サテライトオフィス・プロジェクトの意義」古賀広志・柳原佐智子・加納郁也・下﨑千代子編著『地域とヒトを生かすテレワーク』同友館，pp.31-56.

床桜英二（2019 a）「過疎地域における地域コミュニティの再創造とリーダーシップ」『地域活性研究』Vol.11，pp.21-30.

床桜英二（2019 b）「『地域愛着』や『地域との結びつき』が組織コミットメントに及ぼす影響―M社のケース―」『日本テレワーク学会誌』Vol.17，No.1，pp.5-12.

床桜英二（2020）「地域コミュニティにおける創発的価値創造活動の探求―徳島県神山町を事例に―」『比較経営研究』第44号，pp.139-163.

西井進剛（2013）『知識集約型企業のグローバル戦略とビジネスモデル―経営コンサルティング・ファームの生成・発展・進化―』同友館.

野中郁次郎（2008）「成功の本質―ハイ・パフォーマンスを生む現場を科学する―」『Works』87，pp.45-49.

野中郁次郎・廣瀬文乃・平田透（2014）『実践ソーシャルイノベーション―知を価値に変えたコミュニティ・企業・NPO―』千倉書房.

野村康（2017）『社会科学の考え方―認識論，リサーチ・デザイン，手法』名古屋大学出版会.

萩原剛・藤井聡（2005）「交通行動が地域愛着に与える影響に関する分析」『土木計画学研究発表会講演集』.

浜田陽子・庄司正実（2015）「リーダーシップ・プロセスにおけるフォロワーシップの研究動向」『目白大学心理学研究』第11号，pp.83-98.

林直也（2015）「スポーツチームへの愛着が地域愛着や地域コミュニティ活動への参加意欲に及ぼす影響に関する研究」『Human Welfare』第7巻，第1号，pp.59-70.

日向野幹也（2013）「管理職研修と『権限のないリーダーシップ』」『社會科學研究』，第64巻，第3号，pp.115-130.

日向野幹也（2016）「大学発の新しいリーダーシップ教育　権限によらないリーダーシップ」『人材教育』，第28巻，第9号，pp.44-47.

日向野幹也（2018）「変わるリーダーシップ(1)-(8)」日本経済新聞，2018年10月18日-10月29日.

引地博之・青木俊明・大渕憲一（2009）「地域に対する愛着の形成機構―物理的環境

と社会的環境の影響」『土木学会論文集D』Vol.65，No.2，pp.101-110.

牧野篤（2014）『生きることとしての学び―2010年代・自生する地域コミュニティと共変化する人々―』東京大学出版会.

松本雄一（2019）『実践共同体の学習』白桃書房.

松山一紀（2018）『次世代型組織へのフォロワーシップ論―リーダーシップ主義からの脱却―』ミネルヴァ書房.

三沢良（2019）「職場集団のダイナミックス」角山剛編著『組織行動の心理学―組織と人の相互作用を科学する―』北大路書房，pp.17-41.

美波町（2015）「美波ふるさと創造戦略―共創によるまちづくり―」

柳田桃子・後藤春彦・田口太郎・柳田良造（2017）「小規模漁業集落における地域づくりの展開」『日本建築学会計画系論文集』第82巻，第742号，pp.3121-3130.

山内裕・平本毅・杉万俊夫（2017）『組織・コミュニティデザイン』共立出版.

山口裕幸（2008）『チームワークの心理学―よりよい集団づくりをめざして―』サイエンス社.

横石知二（2007）『そうだ，葉っぱを売ろう！　―過疎の町，どん底からの再生―』SBクリエイティブ.

横石知二（2009）『生涯現役社会のつくり方』SBクリエイティブ.

横石知二（2015）『学者は語れない儲かる里山資本テクニック』SBクリエイティブ.

吉田基晴（2018）『本社は田舎に限る』講談社.

李超・狩俣正雄（2017）「働きがいのある最高の組織とチームビルディング」『商経学叢』第64巻，第2号，pp.321-355.

〈WEBサイト資料〉

Lowder, B.T.（2009）"The Best Leadership Model for Organizational Change Management: Transformational Verses Servant Leadership," retrieved from: http：//ssrn.com/abstract=1418796, Accessed, 2019.11.24.

伊座利の未来を考える推進協議会:いざり人，https://www.izarijin.jp/，2019，Accessed，2019.11.24.

徳島県（2019）「徳島サテライトオフィス・プロモーションサイト」．https://www.tokushima-workingstyles.com，2019，accessed，2019.11.24.

索　引

■著者紹介

床桜　英二（とこざくら・えいじ）

徳島文理大学総合政策学部教授（地域連携センター副センター長兼務）。
博士（経営学）（兵庫県立大学大学院経営学研究科経営学専攻博士課程修了）。
1955年，徳島県生まれ。
徳島県職員（地域振興総局長／危機管理部長など）を経て2015年より現職。
香川大学及び大正大学客員教授も務める。
理論と実務の融合を目指し，自らも社会課題解決のための実践的な活動に積極的に参画している。具体的な活動としては，徳島県規制改革会議座長，持続可能な地域創造研究会共同代表，四国周遊型ワーケーション推進協議会アドバイザーなどがある。

リーダーシップ好循環モデル
―地域コミュニティ再創造のための理論と実践―

2021年4月20日　　第1版第1刷発行

著　者	床　桜　英　二
発行者	山　本　　　継
発行所	㈱中　央　経　済　社
発売元	㈱中央経済グループ　　　パ ブ リ ッ シ ン グ

〒101-0051　東京都千代田区神田神保町1-31-2
電　話　03 (3293) 3371 (編集代表)
　　　　　03 (3293) 3381 (営業代表)
https://www.chuokeizai.co.jp
製版／三英グラフィック・アーツ㈱
印刷／三　英　印　刷　㈱
製本／誠　　製　　本　　㈱

© 2021
Printed in Japan

＊頁の「欠落」や「順序違い」などがありましたらお取り替えいたしますので発売元までご送付ください。（送料小社負担）

ISBN978-4-502-37791-4　C3034